《"凤凰计划"顾问手册》的封面

南大亚太论丛·**美国海外隐蔽行动研究系列**
主编 石斌

"凤凰计划"与美国
对越"反叛乱"政策

1967—1971

朱玲 著

南京大学出版社

《南大亚太论丛》

主　　办　南京大学亚太发展研究中心

学术委员会（以姓氏拼音排列）
蔡佳禾（南京大学中美文化研究中心）
蔡永顺（香港科技大学人文社会科学学院）
陈志敏（复旦大学国际关系与公共事务学院）
樊吉社（中国社会科学院美国研究所）
洪银兴（南京大学商学院）
孔繁斌（南京大学政府管理学院）
沈志华（华东师范大学周边国家研究院）
石　斌（南京大学亚太发展研究中心）
石之瑜（台湾大学政治学系）
时殷弘（中国人民大学国际关系学院）
孙　江（南京大学学衡研究院）
王月清（南京大学哲学系）
阎学通（清华大学国际关系研究院）
张凤阳（南京大学政府管理学院）
朱庆葆（南京大学历史学院）

编辑委员会：
主　编：石　斌
副主编：李里峰　毛维准
成　员：祁玲玲　舒建中　赵光锐　吴小康　宋文志

《美国海外隐蔽行动研究系列》
编辑部：
主　编：石　斌
副主编：毛维准　舒建中
成　员：赵光锐　葛腾飞

《南大亚太论丛》总序

"南京大学亚太发展研究中心"于2016年夏初创设并渐次成长,得"南京大学亚太发展研究基金"之专项全额资助,实乃一大助缘、大善举;众多师友、同道的鼓励、扶持乃至躬身力行,同样厥功至伟。

此一学术平台之构建,旨在通过机制创新与成果导向,以国际性、跨国性与全球性议题为枢纽,将人文社会科学诸领域具有内在关联之学科方向、研究内容与学术人才,集成为国际关系、国家治理、经济发展、社会文化等多个"研究群",对大亚太地区展开全方位、多层次、跨学科研究，并致力于承担学术研究、政策咨询、人才培养、社会服务与国际交流等功能。

所谓"亚太"，取其广义，乃整个亚洲与环太平洋地区之谓。不特如此，对于相关全球性问题的关切，亦属题中之义。盖因世界虽大，却紧密相连。值此全球相互依存时代，人类命运实为一荣损相俦、进退同步之共同体，断难截然分割。面对日益泛滥的全球性难题，东西南北，左邻右舍，各国各族，除了风雨同舟，合作共赢，又岂能独善其身，偷安苟且？所谓"发展"，固然有"政治发展"、"经济发展"、"社会发展"等多重意蕴，亦当有"和平发展"与"共同发展"之价值取向，其理亦然。

吾侪身为黉门中人，对于大学之使命，学人之天职，理当有所思虑。故欲旧话重提，在此重申：育人与问学，乃高等教育之两翼，相辅相成、缺一不可。大学之本是育人，育人之旨，在"养成人格"，非徒灌输知识、传授技能；大学之根是学问，学问之道，在"善疑、求真、创获"。二者之上，更需有一灵魂，是为大学之魂。大学之魂乃文化，文化之内核，即人文价值与"大学精神"：独立、开放、理性、包容、自由探索、追求真理、秉持理想与信念。大学之大，盖因有此三者矣！

南京大学乃享誉中外之百年老校，不独底蕴深厚、人文荟萃，且英才辈出、薪火相续。于此时代交替、万象更新之际，为开掘利用本校各相关领域之丰厚学术资源，凝聚研究团队，加强对外交流，促进学术发展，展示亚太中心学术同仁之研究成果与学术思想，彰显南京大学之研究水平与学术风格，我们在《南大亚太评论》、《现代国家治理》、《人文亚太》、《亚太艺术》等学术成果已相继问世的基础上，决定再做努力，编辑出版《南大亚太论丛》。

海纳百川，有容乃大。自设门户、画地为牢，绝非智者所为。所谓"智者融会，尽有阶差，譬若群流，归于大海"，对于任何社会政治现象，唯有将各种研究途径所获得的知识联系起来，方能得到系统透彻的理解，否则便如朱子所言，"见一个事是一个理"，难入融会贯通之境。办教育、兴学术，蔡元培先生主张"囊括大典，网罗众家，思想自由，兼容并包"。《论丛》的编纂，亦将遵循此种方针。

故此，《论丛》之内容，并不限于一般所谓国际问题论著。全球、区域、次区域及国家诸层面,内政外交、政治经济、典章制度与社会文化诸领域的重要议题,都在讨论范围之内。举凡个人专著、合作成果、优秀论文、会议文集,乃至特色鲜明、裨利教学的精品教材,海外名家、学术前沿的迻译之作,只要主题切合,立意新颖,言之有物,均在"网罗"、刊行之列。此外我们还将组织撰写或译介各种专题系列丛书,以便集中、深入探讨某些重要议题,推动相关研究进程,昭明自身学术特色。

要而言之,南京大学亚太发展研究中心所执守之学术立场,亦即《论丛》之编辑旨趣:一曰"本土关怀,世界眼光";再曰"秉持严谨求实之学风,倡导清新自然之文风";三曰"科学与人文并举,学术与思想共生,求真与致用平衡"。

一事之成,端赖众力。冀望学界同仁、海内贤达继续鼎力支持、共襄此举,以嘉惠学林,服务社会。值出版前夕,爰申数语,以志缘起。

石　斌
2018 年元旦于南京

主编的话

世界政治波谲云诡、错综复杂。自现代民族国家体系成型以来,国家间关系的常态始终是共识与分歧、合作与冲突、妥协与竞争并存,绝对的和谐或绝对的冲突,都不符合实际。就国际竞争而言,国家可能采用的战略手段与对外政策工具多种多样,有的温和、友好,有的则带有敌意与攻击性;有的公开透明,有的则秘而不宣。既不友好也不公开的对外活动,一般还被统称为"隐蔽行动"。"隐蔽行动"同样种类繁多,按照学术界的一般看法,至少可分为隐蔽宣传行动、隐蔽政治行动、隐蔽经济活动、准军事行动等类型。

对外隐蔽行动,尤其是二战后以来美国等西方国家的对外隐蔽行动,是国际关系史研究,特别是冷战史研究的一个重要领域。这类课题在欧美学术界既属于军事与战略情报史研究的范围,也是国际关系和外交史研究的对象。保罗·肯尼迪、厄内斯特·梅、理查德·伊默曼、约翰·路易斯·加迪斯等著名战略学、国际政治学或国际关系史学者,或多或少都曾从事过这方面的研究和论述。较之西方学者对这一主题的持续关注及其不断问世的大量论著,中国学者所做的努力虽然比过去多了一些,但还非常有限,差距也很明显。

西方大国在冷战时期遍及全球的隐蔽行动,是其对外战略与对外政策的一个重要组成部分。以美国中央情报局等部门为主所进行的对外隐蔽活动,包括对他国的秘密干涉与颠覆活动,以及政治战、心理战、宣传战等等,是美国对外政策与对外行为的一个重要而又特殊的侧面,更是美国冷战政策的一大"特色"。然而过去由于文献史料方面的限制,人们往往一知半解,难闻其详。就冷战时期的相关问题而言,欧美学者从自身的立场和观察角度所得出的结论,自然也需要加以分辨,未可照单全收。自冷战结束以来,美国等东西方相关国家陆续开放了许多原始档案文献,这使我们有可能借助更为全面和可靠的材料,揭开隐蔽活动的神秘面纱,打破陈说、道听途说或西方学者的一家之言,进一步揭示历史真相,弥补国内相关学术空白或研究短板,拓展国际关系和外交史研究的论题与视域,从而有助于对战后以来的国际关系和有关国家的对外政策获得更加全面的认识。

因此,我们决定首先从一些与美国有关的典型案例入手,组织一批来自军队与地方高等院校、科研机构的国际战略、国际关系或外交史学者,共同编纂"美国海外隐蔽行动"专题研究系列。

为了实现此项研究的初衷,在研究目标、学术规范与编写体例等方面保持必要的一致性,我们希望各位作者在研究和写作的过程中,尽可能遵循以下几项原则。

其一,就研究性质而言,这套系列丛书属于历史案例研究("案例"在此可以较为宽泛地理解为具有典型意义的事件、政策、计划、行动或议题),研究对象与主题非常明确,故要以叙事为主,议论为辅,紧扣主题,突出重点,主要靠事实与证据说话。

其二,就研究目的而言,要联系相关国际与国内背景,尽可能准确描述事情的来龙去脉,尤其是美国政府有关政策或计划的决策与实施过程,以说明其动因、目标与得失,反映该案例的性质、特点、影响及其相对于其他类似案例所具有的独特性与认识论价值;此外还要注意揭示美国海外隐蔽行动与美国冷战战略、国家安全战略或地区战略之间的联系,并就美国对外政策与对外行为的一些重要特点或一般规律,提出中国学者的独立见解。

其三,在研究方法上,要严格遵循外交史或国际关系史研究之学术规范，立足翔实、可靠的外交档案文献和其他第一手资料，尽可能还原历史真相，纠正错误认识，并力求反映国内外最新研究成果。

其四，在写作风格上，不妨在注重学术性与思想性的同时，兼顾趣味性与可读性，俾使学术著作能够走出书斋，走向大众，为更多的人所赏阅。故篇幅宜短小精悍，语言要简洁生动，惟陈言、赘语、套话之务去。以厘清事情之原委、揭示问题之实质为首要目的，不必连篇累牍，任意敷衍，徒增读者负担。当然，在符合研究宗旨，遵循基本规范的前提下，作者可以也应该有自己的叙事、行文与思想风格。

最后需要说明的是，美国作为一个全球性大国，一向热衷海外干涉，其对外隐蔽行动频率之高、事例之多、影响之大，并世无双。限于研究能力，我们目前所选择的十数个分析案例仅仅是其中一小部分，如果条件允许，还可以逐步扩充。而且，就整体考察乃至战略与理论层面的探讨而言，历史案例研究也还只是一项基础性工作，今后还有大量的工作要做。因此,我们非常希望有更多对此项课题感兴趣的学术同行加入我们的研究队伍。对于此项工作中所存在的缺点与不足,也真诚欢迎学界同仁予以批评和指正。

2018 年 1 月 20 日

目 录

绪论	001
第一章 美国对越政策的发展与在南越"反叛乱"的由来	017
第一节 美国的东南亚冷战政策	021
一、初步规划	021
二、最终确立	026
第二节 对越政策与越战进程	030
一、法国势力退出	030
二、艾森豪威尔政府逐步介入	036
三、美国破坏越南大选	044
第三节 "反叛乱"的由来	054
一、艾森豪威尔政府"反叛乱"计划	054
二、肯尼迪政府"反叛乱"小组的成立	064

三、肯尼迪民事"反叛乱"的扩大　　　　　　　　　　　　*070*

第二章　约翰逊政府"反叛乱"政策的发展及"凤凰计划"的出现

　　　　　　　　　　　　　　　　　　　　　　　　　　　　079

　第一节　军事、民事"反叛乱"的结合　　　　　　　　　　*082*
　　一、军事"反叛乱"的开始　　　　　　　　　　　　　　*082*
　　二、军事、民事"反叛乱"的初步协调　　　　　　　　　*089*
　　三、协调机制的形成　　　　　　　　　　　　　　　　　*096*
　第二节　"凤凰计划"的出现：战争"越南化"的初尝试　　*108*
　　一、军事、民事"反叛乱"的融合　　　　　　　　　　　*108*
　　二、"情报收集和开发"项目　　　　　　　　　　　　　*115*
　　三、"凤凰计划"机构设置的决策　　　　　　　　　　　*122*
　第三节　"凤凰计划"的情报基础："召回计划"　　　　　　*132*
　　一、由来及其发展过程中的决策　　　　　　　　　　　　*132*
　　二、"召回计划"的情报获取及与"凤凰计划"的关系　　*142*
　　三、"召回计划"在少数民族地区的实施及作用　　　　　*153*

第三章　约翰逊政府"反叛乱"政策调整及"凤凰计划"的扩大　*163*
　第一节　背景　　　　　　　　　　　　　　　　　　　　　*166*
　　一、溪山战役及春节攻势的发动　　　　　　　　　　　　*166*
　　二、关于是否增兵越南的大争论　　　　　　　　　　　　*173*
　第二节　调整　　　　　　　　　　　　　　　　　　　　　*179*
　　一、对南越"反叛乱"的调整　　　　　　　　　　　　　*179*
　　二、对南越周边国家"反叛乱"的调整　　　　　　　　　*184*

第三节 "凤凰计划"的扩大 　　　　　　　　　　　　　193
　　一、"凤凰计划"的正式化 　　　　　　　　　　　　193
　　二、"凤凰计划"情报机构的建立 　　　　　　　　　205

第四章　尼克松政府第一次"越南化"政策及"凤凰计划"改革　213
第一节　初期军事行动对"反叛乱"的支持　　　　　　　217
　　一、"反叛乱"政策的争议 　　　　　　　　　　　　217
　　二、对柬埔寨的轰炸 　　　　　　　　　　　　　　222
第二节　"凤凰计划"的改革　　　　　　　　　　　　　229
　　一、评估效果及存在的问题 　　　　　　　　　　　229
　　二、"凤凰计划"的改革 　　　　　　　　　　　　　235
第三节　第一次"越南化"政策及其失败　　　　　　　　244
　　一、尼克松的战争"越南化"政策 　　　　　　　　　244
　　二、在印度支那的军事升级 　　　　　　　　　　　249
　　三、第一次"越南化"政策的失败 　　　　　　　　　258

第五章　尼克松中后期"反叛乱"的转型及"凤凰计划"的衰落　　　　　　　　　　　　　　　　　　　　　　267
第一节　第二次"越南化"政策："反叛乱"的"越南化"　270
　　一、对"反叛乱"的反思及第二次"越南化"的开始　270
　　二、"凤凰计划"的"越南化" 　　　　　　　　　　278
第二节　"凤凰计划"衰落前的过渡期　　　　　　　　　289
　　一、在巴黎和谈中的威慑作用 　　　　　　　　　　289
　　二、在撤军中的辅助作用 　　　　　　　　　　　　296

第三节 "凤凰计划"的衰落 *302*
一、评估效果及其失败原因 *302*
二、"凤凰计划"的替代品——F6计划的实施和失败 *313*

结论 *320*
一、"凤凰计划"在"反叛乱"中的位置 *320*
二、"凤凰计划"对美国越战进程的影响 *325*

参考文献 *332*

绪 论

本书主要论述了越战时期美国在南越实施"反叛乱"政策的背景下,"凤凰计划"缘起、扩大、改革、衰落的历史事实。关于"反叛乱"的定义,学界有不少阐释。究其实质,"反叛乱"就是综合运用政治、经济、军事、准军事等手段击败"叛乱"。而在越战中,具体是指美、南越运用上述手段打击北越及越南南方民族解放阵线。"凤凰计划"则是美、南越实施的众多"反叛乱"项目的子项目之一,最初的目的是共享情报,准确打击越共的领导人。不过,后来在实际实施过程中,一些实施单位使用了逮捕、劝降、暗杀等准军事手段,偏离了"凤凰计划"的初始目标。

虽然"凤凰计划"采取了准军事行动①,但它的性质并不是隐蔽行动②,主要原因在于"凤凰计划"不是隐秘事件。在创立时期,"凤凰计划"创始人孔墨(Robert W. Komer)③邀请记者报道宣传过"凤凰计划"。在后期,美国前中情局局长科尔比(William Colby)把"凤凰计划"

---

① 准军事行动(Paramilitary Operation)是美国对外隐蔽行动(Covert Operation)的主要子战略之一,是冷战时期美国频繁使用的一种重要政策工具。主要指介于传统军事行动与非军事行动之间的隐蔽行动,包括由中情局等部门对他国秘密进行或暗中组织、训练、协助目标国反政府力量所从事的武装破坏、颠覆政权、暗杀政治领导人等活动。详见石斌:《1953年美英对伊朗的"准军事行动"及其相关问题——基于新史料的重新探讨》,《外交评论》2012年第2期,第96页。

② 隐蔽行动是冷战期间美国与苏联集团进行公开较量、秘密争夺的重要战略武器,是美国冷战遏制大战略的重要组成部分,是美国在外交折冲、军事干涉之外的"第三种选择"。详见白建才:《20世纪50年代美国对中国的隐蔽行动探析》,《陕西师范大学学报(哲学社会科学版)》第44卷第3期,2015年5月,第95页。

③ 1967年孔墨被约翰逊派到越南,负责"民事行动与革命发展计划"(CORDS)。在越南,孔墨得到一个外号"喷灯"。"喷灯"形容他办事的风格火爆。

的年终报告发给了众多相关部门。这些都说明"凤凰计划"不是保密级别高的行动,与中情局实施的隐蔽行动是不同的。而且 NSC10/2 号等文件规定,隐蔽行动不包括战争期间可识别行动者的、以取得战争胜利为目的的秘密活动。"凤凰计划"有徽标、有组织、有明确的执行机构,可以识别。只不过"凤凰计划"每一次的具体行动是不同的,有的时候使用了暗杀手段,这时的具体行动或可以称为一次隐蔽行动。但《美国对外关系文件集》(FRUS)明确指出"凤凰计划"是"反叛乱"项目。综上所述,"凤凰计划"的性质当界定为"反叛乱"项目的子项目。

"凤凰计划"作为越南战争的一个侧面,是研究越战的一个新角度。对越战进程进行研究的成果有很多,但大多没有专门从越战"越南化"的角度审视越战进程,更不用说审视美国对南越的"反叛乱"政策,甚至"凤凰计划"与越战"越南化"之间的关系了。

国内外关于"反叛乱"及"凤凰计划"的相关研究十分有限。首先,"反叛乱"的研究权威极少。在国外学者中,最著名的"反叛乱"理论研究专家是加吕拉（David Galula）。加吕拉的专著《反叛乱战争：理论与实践》（*Counterinsurgency Warfare: Theory and Practice*），概述了"反叛乱"战略，是"反叛乱"理论研究的先驱。[①] 国内研究"反叛乱"理论比较权威的是葛腾飞。葛腾飞的研究成果中比较重要的两篇文章是《美国"反叛乱"理论的发展及其困境》[②]和《美国在伊拉克的"反叛乱"战略》。[③] 前一文厘清了"反叛乱"的定义，"反叛乱"理论的来源、发展及面临的困境；后一文则是以伊拉克为个案的"反叛乱"案例研究。其次，国内对"凤凰计划"的全面研究几乎没有，提及"凤凰计划"的学术成果也屈指可数。时殷弘教授的专著《美国在越南的干涉和战争（1954—

[①] David Galula, *Counterinsurgency Warfare: Theory and Practice*, Praeger Security International, 2006.
[②] 葛腾飞、苏听：《美国"反叛乱"理论的发展及其困境》，《美国研究》2012年第1期。
[③] 葛腾飞：《美国在伊拉克的"反叛乱"战略》，《外交评论》2013年第2期。

1968)》中有一章提到过"凤凰计划"。① 舒建中教授的文章《美国的准军事行动理论》,在文中的越南案例中提到了"凤凰计划"。② 还有一篇段灵敏的硕士学位论文《美国在越战期间的乡村绥靖政策研究》,文中一个小节里提到过"凤凰计划"。③

越南战争是第一次在电视直播中出现的战争,加之水门事件的影响,美国对"凤凰计划"进行了多次国会听证会;所以"凤凰计划"为美国公众所熟知,美国关于"凤凰计划"的研究相对较多。

在"凤凰计划"发生的当时和不久之后,出现了一些由新闻报道、对重要人物的采访、涉事者的回忆录,以及对参与"凤凰计划"实施的士兵采访汇集而成的口述史资

---

① 时殷弘:《美国在越南的干涉和战争(1954—1968)》,北京:世界知识出版社,1993年,第288页。
② 舒建中:《美国的准军事行动理论》,《国际资料信息》2012年第12期,第14页。
③ 段灵敏:《美国在越战期间的乡村绥靖政策研究》,硕士学位论文,华中师范大学,2015年5月。

料。这些材料构成了"凤凰计划"最初步的历史。

首先,有关"凤凰计划"的新闻报道。最初报道"凤凰计划"的新闻分为两种:一是对"凤凰计划"的赞誉,从美国角度全方位介绍"凤凰计划"及其执行情况;二是一些记者对"凤凰计划"的批评,基本是揭露美国使用残忍手段消灭越南南方民族解放阵线的情况。

美国新闻界从1968年开始就有了关于"凤凰计划"的报道。1968年6月29日,在《纽约客》上罗伯特·沙普伦(Robert Shaplen)使用了越南语的"凤凰"二字对"凤凰计划"进行报道,称其为全能鸟。1968年9月,《华尔街日报》记者康比德(Peter Kann)的一篇关于"凤凰计划"的报道称越南南方民族解放阵线是看不见的敌人。1969年1月6日,《纽约时报》记者杜伦孟德·艾尔斯(Drummond Ayres)对"凤凰计划"做了一个回顾。[①]1969年1月6日,国际新闻处有一篇名为《凤凰计划的

---

① Douglas Valentine, *The Phoenix Program*, New York: William Morrow and Company, 1990, pp.275-276.

目标是越南南方民族解放阵线基层组织》的文章,介绍了"凤凰计划"的来源和执行的基本情况。[①] 1969年7月14日,公用事业局新闻办公室发布了《在越南的绥靖政策》一文,专门介绍了"凤凰计划",并提到了"凤凰计划"的情报来源、情报协调和消灭越南南方民族解放阵线的成效。[②] 1971年7月1日,《纽约时报》有一篇介绍科尔比的文章,说科尔比主要负责美国在越南的绥靖政策,他与南越紧密合作,试图有效发展"凤凰计划"。[③] 1973年2月4日,唐纳德·柯克(Donald Kirk)在《费城问讯报》发

---

① International Press Service, "Phoenix Operation Aims at VC Infrastructure", January 6, 1969.
② Office of Media Services, Bureau of Public Affairs, Department of State, "Pacification in Vietnam", July 14, 1969.
③ Alvin Shuster, "Colby, U.S. Chief of Pacification for Vietnam", *The New York Times*, July 1, 1971.
科尔比在越战期间主要负责"凤凰计划"。1971年6月30日他结束了在越南的"反叛乱"工作回到美国,据《纽约时报》报道,他离开越南回到美国的原因是其女儿生病了;1973年成为中情局局长;1996年不明原因死亡。邦克(Ellsworth Bunker)认为科尔比在越南贡献突出:他在越南比较恶劣的环境中,穿梭于越南各地视察安全和发展情况,骑着摩托车了解三角洲地区,乘着吉普车了解丛林地区,坐船了解运河系统。

表《为什么越南战争没有真正结束》,详细描述了"凤凰计划"的分支行动 F6 计划。① 1980 年 11 月《老爷》杂志刊载《五角大楼的重要人物》,介绍了孔墨的事迹,提到 1968 年春节攻势以后,孔墨和科尔比开始负责实施"凤凰计划",并指出这个计划是用暗杀手段消灭越南南方民族解放阵线基层组织。②

加拿大和南越新闻界也进行了相关报道。1973 年 1 月 31 日,约翰·盖尔纳(John Gellner)在《多伦多环球邮报》发表题为《在越南持久和平的机会》的文章。他对"凤凰计划"误伤平民的情况有所研究,称西贡的情报部宣称在"凤凰计划"实施的一次行动中误杀了 40994 名平民。③ 南越特稿新闻社发表了《凤凰计划——根除共产

---

① Donald Kirk,"Why the Vietnam War Isn't Really Over", *PHILADELPHIA INQUIRER*, February 4, 1973.美越巴黎和谈停火协议达成后,美方以 F6 的名义实施"凤凰计划"的内容。
② "Pentagon Players Number 1 Blowtorch Bob and the Persian Gulf", *Esquire*, November, 1980.
③ John Gellner, "Chances of peace lasting in Vietnam", *TORONTO GLOBE&MAIL*, January 31, 1973.

党的影子政府》一文,给出了1967年12月和1968年前11个月"凤凰计划"消灭越南南方民族解放阵线成员的数量,也提及了"召回计划"与"凤凰计划"的关系,还介绍了协调委员会、情报分享和要消除的对象等相关情况。[1]

其次,大致介绍一些重要的访谈材料、回忆录和口述史材料。因很多访谈材料经过整理后汇编成口述史材料,故访谈材料和口述史材料归在一起进行介绍。

道格拉斯·瓦伦丁(Douglas Valentine)的《凤凰项目》(*The Phoenix Program*)一书用了很多访谈材料,既有对重要人物的访谈,也有对普通人物的访谈。此书对"凤凰计划"持批判态度,认为这个计划暗杀了越南平民,批评南越警察和政客的腐败。[2]《直面凤凰:中情局与美国在越南的政治失败》(*Facing the Phoenix: The CIA and the Political Defeat of the United States in Viet-*

---

[1] Vietnam Feature Service, "Operation Phung Hoang…Rooting out the Communists' Shadow Government".

[2] Douglas Valentine, *The Phoenix Program*, New York: William Morrow and Company, 1990, p.14.

nam)一书也使用了访谈材料。此书作者在对负责实施"凤凰计划"的重要人物中情局情报官员兰斯代尔(Edward Lansdale)和科尔比进行访谈后,在书中诠释了美国官僚部门之间的冲突。[1] 贝勒大学的硕士论文《凤凰计划:回顾性评估》("The Phoenix Program: A Retrospective Assessment")也使用了访谈材料,该文基于作者对科尔比和驻越副大使波特(William J. Porter)的访谈。该文成文于1989年,距离"凤凰计划"发生的年代不足20年,因此使用的档案材料不是太丰富,只使用了美国国家档案馆的几份档案。文章的内容主要是"凤凰计划"的起源、组织方式等,重点落在对"凤凰计划"实施效果的评估上。[2] 除此之外,还有口述史材料。《我们拥有的一切:33名美国大兵的越南战争口述史》(*Everything*

---

[1] Zalin Grant, *Facing the Phoenix: The CIA and the Political Defeat of the United States in Vietnam*, New York: W W Norton & Co. Inc, 1991.

[2] Douglas J. Brooks, "The Phoenix Program: A Retrospective Assessment", Master of Arts, Baylor University, 1989.

We Had: An Oral History of the Vietnam War as Told by 33 American Men Who Fought It)是一部关于越南战争的口述史著作,书中有关于海豹突击队员迈克·比蒙(Mike Beamon)参与"凤凰计划"的口述资料。①

参与"凤凰计划"实施的负责人及士兵的个人回忆录也是重要史料,可以作为未解密档案的补充材料。科尔比的回忆录《情报生涯三十年:美国中央情报局前局长科尔比回忆录》(Honorable Men: My Life in the CIA)揭露了从第二次世界大战末期到 20 世纪 70 年代中期很多事件的内幕,也论述了中央情报局及其政策的变迁情况,其中有一章描述了"凤凰计划"。科尔比主要回忆了"凤凰计划"实施的原因,南越当局的行动及其与美国的配合,他评价"凤凰计划"是"民事行动与革命发展计划"子

---

① Al Santoli, *Everything We Had: An Oral History of the Vietnam War as Told by 33 American Men Who Fought It*, New York: Ballantine, 1982.

项目里最引人注目的。[1]《情报协调:越南的凤凰计划》(*ICEX Intelligence: Vietnam's Phoenix Program*)是一个"凤凰计划"顾问的个人回忆录。该书作者回忆了其在越南训练、作战的经历,从个人的视角告诉人们他们的具体行动是什么。[2]《顾问:越南的凤凰计划》(*The Advisor: The Phoenix Program in Vietnam*)也是一个顾问的回忆录,该书并不局限于叙事,还抒发了该书作者关于越南战争的想法。该书作者是以安县顾问,曾参与"凤凰计划"摧毁越南南方民族解放阵线基层组织,书中记述了越南南方民族解放阵线在以安县和边和省的行动。[3]《跟踪越共:凤凰行动:个人自述》(*Stalking the Vietcong: Inside Operation Phoenix: A Personal Ac-*

---

[1] William Colby and Peter Forbath, *Honorable Men: My Life in the CIA*, New York: Simon and Schuster, 1978, p.266.

[2] G. LaVerne Crowell, *ICEX Intelligence: Vietnam's Phoenix Program*, Baltimore: Publish America, 2006.

[3] John L. Cook, *The Advisor: The Phoenix Program in Vietnam*, Pennsylvania: Dorrance & Co., 1973.

count）一书的作者是一名军队情报官员，在西贡附近的厚义省工作，负责从北越叛逃者和战俘那里获取信息，以便传递给南越军方。该书对越南文化和越南人民的评判很有思想性，也尝试为解决一些问题提供经验总结。比如，如何做一个地方部队的顾问，怎么对付北越影子政府，还提到酷刑在审讯中不起作用等问题。[1] 越南方面的回忆录有《与河内分道扬镳：一个越南官员的回忆录》（*A Vietcong Memoir: An Inside Account of the Vietnam War and Its Aftermath*），这本回忆录是一份非常重要的补充材料。作者张如藏（Truong Nhu Tang）曾经是越南南方民族解放阵线的成员，后来又离开越南在法国生活。[2]

总的来说，新闻报道、口述史材料和个人回忆录主观

---

[1] Stuart Herrington, *Stalking the Vietcong: Inside Operation Phoenix: A Personal Account*, California: Presidio Press, 2004.

[2] Truong Nhu Tang, *A Vietcong Memoir: An Inside Account of the Vietnam War and Its Aftermath*, New York: Harcourt Brace Jovanovich, 1985.

色彩比较浓,这些材料注定难以反映事件的全部。新闻报道具有片面性;口述史材料的真实性也容易受到质疑;个人回忆录由于个人主观性和政治因素等原因,可信度也大打折扣。故纵然有新闻报道、口述史材料和个人回忆录,人们还是不能全面整体地了解"凤凰计划"。基于以上原因,需要借重档案材料来勾勒事件的轮廓,才能做到真实可信地还原事件真相。

本书主要以《美国对外关系文件集》作为研究"反叛乱"政策的档案材料。而"凤凰计划"的原始材料来源主要包括三部分:第一,德克萨斯理工大学的电子化越南战争档案。第二,中情局档案。根据《信息自由法》25年自动解密原则,中情局的档案也要解密。因此从2000年开始,中情局开设了一个检索系统CREST。CREST提供了一些关于"凤凰计划"的档案,并且每年都有新档案解密。第三,乔治·华盛顿大学的国家安全档案简报,其中包括《分解越战之谜》和《中情局在越南的历史》等相关子集档案。此外,因为本书是研究美国外交的决策过程,所以需要倚重美国国家安全档案。美国国家安全档案主要来自《美国对外关系文件集》、解密后的数字化美国国家安全档案(DNSA)、美国解密档案在线(DDRS)、肯尼迪图书馆、约翰逊图书馆、尼克松图书馆。通过系统解读《美国对外关系文件集》可以理清美国在1967—1971年对越南的"反叛乱"政策,再通过解读散落在各个数据库的档案文件,可以还原出"凤凰计划"的历史脉络。

I

第一章

美国对越政策的发展与在南越"反叛乱"的由来

二战后,美国在国内一手发展军事力量,一手发展经济。与此同时,美国在外交方面也逐步形成两大战略,一个是现实主义的遏制战略,另一个是恢复经济的自由主义战略。[①] 而苏联作为战胜国,也想增强政治、军事实力,把自己的意识形态推广到更多地区。因此,美苏对世界霸权和势力范围的争夺在所难免。

二战期间,苏联红军在与法西斯军队较量时,进入过一些东欧国家。其中,阿尔巴尼亚、波兰、罗马尼亚、匈牙利、捷克斯洛伐克、保加利亚、南斯拉夫等国成了社会主义国家。战后不久,这些国家的共产党实际执政,学习苏联模式。东欧成为苏联的势力范围。

此外,战后苏联不愿履行从伊朗撤军的协定。上述举动引发了伊朗危机。与此同时,苏联废除《苏土中立和互不侵犯条约》,并一再要求修订《蒙特勒公约》。此举又引发了土耳其危机和持续时间较长的希腊危机。在美国

---

① G. John Ikenberry, "America's Imperial Ambition", *Foreign Affairs*, Vol. 81, No. 5 (Sep.-Oct., 2002), pp. 45-46.

的支持下，伊朗危机得以化解，苏联从伊朗撤军。在土耳其发生危机时，美国势力趁机进入了土耳其。在希腊发生危机时，美国向希腊政府提供了大量经济和军事援助。

苏联从上述两个地方着手构建其地缘政治安全的行为引起了英美等西方国家的强烈反对。随着英国等传统大国在战争中的衰落，在处理这一系列欧洲危机时，英国需要邀请美国参与解决。而美苏作为国家制度和意识形态迥异的两个国家，开始从战时的合作走向战后的对抗。不久之后，冷战开始。美苏意识形态之争愈演愈烈。

1947年3月12日，"杜鲁门主义"的提出标志着美国遏制共产主义的指导思想正式形成。欧洲是美苏争夺的重要地区。美国对欧洲的意识形态争夺主要体现在两个方面：经济上实行"马歇尔计划"，援助西欧，以实现其经济复苏；政治上分裂德国。而正是德国的分裂形成了东西方两种意识形态在欧洲对峙的局面。

在亚洲，美国冷战政策的主要内容是规划了"两条遏制线"：位于西太平洋一线上的日本、琉球群岛和菲律宾等地,"由美军抵挡外来进攻";亚洲大陆上的朝鲜半岛和东南亚"由盟友进行遏制,不投入美国部队"。①

第一节 美国的东南亚冷战政策

一、初步规划

1948年秋,美国开始"加强扶植东南亚国家的反共力量",拉开对中国"遏制"政策的序幕,并把对中国的"遏制"推到了中国边缘地区。② 东南亚是美国在亚洲大陆这一条遏制线上的重要一环。美国试图通过向东南亚受到共产主义影响的政府提供政治、经济、军事援助和顾问援助把共产主义遏制在中国南部边境。

---

① 时殷弘:《1950年美国远东政策剧变的由来》,《南开学报(哲学社会科学版)》1995年第5期,第46页。
② 资中筠:《追根溯源:战后美国对华政策的缘起与发展,1945—1950》,上海:上海人民出版社,2000年,第172页。

为此,美国开始规划对东南亚的政策,以遏制共产主义在东南亚地区的发展。此时美国已经接受了这样一个事实,即印度尼西亚和印度支那的激进民族主义问题无法通过全力支持荷兰和法国来解决。① 1949 年 7 月 1 日,上述规划在国家安全委员会 NSC51 号文件中发布。国家安全委员会工作人员还对之进行审议,以作为编写 NSC48/1 号文件的参考。

1949 年 10 月 1 日,中华人民共和国成立。美国于 1949 年 12 月 30 日发布了《美国在亚洲的地位》,即 NSC48/1、NSC48/2 号文件。该文件确定了美国在亚洲选定非共产主义国家来发展足够的军事力量,以防止共产主义的进一步扩张,并最终消除苏联在亚洲的优势权力和影响力的目标。另外,该文件还强调要特别关注法国在印度支那的问题,不惜采取行动清除越南末代皇帝

---

① Policy Planning Staff Paper on United States Policy Toward Southeast Asia, March 29, 1949, *Foreign Relations of the United States*, 1949, Volume Ⅶ, Part 2, The Far East and Australasia, pp.1128 – 1133.

保大(Bao Dai)或其他非共产主义领导人的障碍。且根据1949年《共同防卫援助法》第303条的规定,美国向泛中国区提供了7500万美元的紧急事项援助。①

美国对东亚,尤其是东南亚的关注不仅限于上述行动,在1949年12月美国还派遣国务院巡回大使菲利普·杰赛普(Philip Jessup)考察团"考察远东14国"。杰赛普认为"东南亚岌岌可危",而在东南亚"印度支那是局势的关键"。②

此后,美国国务院发布了专门针对东南亚的政策。国务院于1950年2月底向国安会提交了政策报告书《关于美国对印度支那的立场》,即NSC64号文件。该文件认为:因为共产主义在印度支那的扩张只是共产主义计

---

① Memorandum by the Executive Secretary of the National Security Council (Souers) to the National Security Council, December 30, 1949, *Foreign Relations of the United States*, 1949, Volume Ⅶ, Part 2, The Far East and Australasia, pp.1215-1220.
② 刘莲芬:《论杜鲁门时期的美国东南亚政策》,《史学月刊》2007年第12期,第91页。

划夺取整个东南亚的一个阶段,所以美国要采取所有切实可行的措施,防止共产主义在该地区的扩大。因为印度支那是与中国相邻的唯一一个有大型欧洲军队的地区,所以在印度支那边境遏制共产主义扩张是防止共产主义影响力扩展到东南亚其他地区的关键。如果印度支那由共产党主导的政府控制,泰国和缅甸等邻国可能会变为由共产党执政。然后,东南亚的平衡将被严重破坏。①

1950年4月24日,杜鲁门批准了NSC64号文件,指示国务卿协调相关事务,并让所有相关部门和机构执行。不过在具体事务(如对东南亚的援助)的实施上,各部门还是有不同意见的。如菲律宾和东南亚事务办公室就曾否决过NSC64/1号文件,认为其"太过于学术",可以"不

---

① Report to the National Security Council by the Department of State, February 27, 1950, *Foreign Relations of the United States*, 1950, Volume Ⅵ, East Asia and the Pacific, pp.744 - 747.

采用",或者进行"修订"。①

此后不久,朝鲜战争爆发。朝鲜战争的爆发对美国东南亚政策的最终确立产生了较大影响。美国在经过近两年的调查研究后,最终通过制定 NSC124/1 和 NSC124/2 号文件确立了其东南亚政策。

图1-1 朝鲜战争场景
(图片来源:https://m.baidu.com/sf_bk/item/朝鲜战争/5310? ms=1&rid=10526650108807954925)

---

① Memorandum by Mr. Robert E. Hoey of the Office of Philippine and Southeast Asian Affairs to the Ambassador at Large (Jessup), December 27, 1950, *Foreign Relations of the United States*, 1950, Volume Ⅵ, East Asia and the Pacific, pp.955-957.

二、最终确立

1950年6月25日,朝鲜战争爆发。当天国务院情报处对局势进行了评估。首先,提出美国需要援助韩国。其次,认为朝鲜战争是苏联事先指示朝鲜采取的行动,朝鲜战争"必须被视为苏联的举动"。再次,美国不采取行动的话,将影响美国在整个亚洲乃至欧洲的声望——尤其对日本及台湾当局的负面影响较大,也将有利于中共政权。东南亚地区将对美国失去信心,"增加共产主义在东南亚渗透的机会"。[①]

1950年6月27日,杜鲁门命令美国空军和海上部队给予韩国部队掩护和支持,下令第七舰队进入台湾海峡,增加在菲律宾的美国部队,加快对菲律宾政府的援助。同样加速向印度支那提供军事援助,并派遣军事特

---

① Intelligence Estimate Prepared by the Estimates Group, Office of Intelligence Research, Department of State, June 25, 1950, *Foreign Relations of the United States*, 1950, Volume Ⅶ, Korea, pp.148 - 154.

派团到印支。且指示美国驻联合国安全理事会的代表沃伦·奥斯汀（Warren Robinson Austin）向安理会报告这些步骤。[1]

1950年7月7日，安理会第84号决议决定派遣"联合国军"援助韩国。7月25日，联合国表示要向韩国提供军事援助。[2] 这些援助包括紧急救济援助和医疗援助。7月27日，在美国的鼓动和压力下，"十六国部队组成的联合国军在南朝鲜釜山登陆，介入朝鲜战争"。[3]

朝鲜战争的爆发进一步激起了美国对东南亚的关注。美国强化并扩大了其对东南亚的援助计划。1950年6月30日，美国组建了由国务院、国防部以及经济合

---

[1] Statement Issued by the President, June 27, 1950, *Foreign Relations of the United States*, 1950, Volume Ⅶ, Korea, pp.202-203.
[2] The Special Assistant to the Secretary of Defense for Foreign Military Affairs and Assistance (Burns) to the Deputy Undersecretary of State (Matthews), July 27, 1950, *Foreign Relations of the United States*, 1950, Volume Ⅶ, Korea, p.481.
[3] 刘莲芬：《论杜鲁门时期的美国东南亚政策》，《史学月刊》2007年第12期，第92页。

作局组成的东南亚国家调查团,旨在调查东南亚国家军事互助协作情况。1950年7月3日,美国决定拨款1600万美元用于向印度支那提供额外的军事援助。1950年7月10日,国务院和国防部又同意了向泰国提供军事援助的方案。①

1950年10月中国参战,经过两次战役后,美军退到"三八线"附近。1951年1—4月初又打了第三、第四次战役。1951年4月11日上午10点30分,杜鲁门向美国人民发表了关于韩国和美国远东政策的电台报道。他多次重申讲话的主题:美国打击朝鲜共产党的行动是征服整个亚洲计划的一部分,此举不仅能削弱共产党的势力,还能阻挠苏联接管远东。②

1951年5月17日,美国发布NSC48/5号文件,即

---

① Memorandum by the Secretary of State to the President, July 10, 1950, *Foreign Relations of the United States*, 1950, Volume Ⅵ, East Asia and the Pacific, pp.115 - 116.
② Editorial Note, *Foreign Relations of the United States*, 1951, Volume Ⅶ, Part 1, Korea and China, p.337.

《美国在亚洲的目标、政策和行动》：鉴于共产主义在亚洲的扩张对美国的安全利益构成威胁，美国应该以一切切实可行的方式阻止共产主义在南亚和东南亚的扩张，协助南亚和东南亚国家培养抵抗共产主义的意志和能力，向印度支那提供及时和适当的军事援助，激化中国和苏联之间的矛盾，并通过海军和空军对中国沿海实施封锁，旨在使共产主义的军事行动尽可能地付出高昂代价。[①]总之，对美国来说，NSC48/5号文件建构了东南亚重要的战略地位——东南亚有美国所需的供不应求的战略物资，其战略位置可以限制共产主义向亚洲其他地区扩张。

在朝鲜战争第五次战役后，双方进入边打边谈的战略相持阶段。为了对抗中国，1952年2月13日，美国发布《鉴于共产主义在东南亚的侵略，美国的目标和行动方针》，即NSC124号文件。该文件把限制共产主义在亚洲

---

① Report to the National Security Council by the Executive Secretary (Lay), May 17, 1951, *Foreign Relations of the United States*, 1951, Volume Ⅵ, Part 1, Asia and the Pacific, pp.33 - 63.

(尤其是在东南亚)扩张的想法变成了实际可执行的方针,旨在达到防止东南亚国家进入共产主义轨道的目的。

至此,从最初的"杜鲁门政府无法在东亚确定一种恰当的'遏制'范围",演变成了东南亚最终成为美苏冷战在亚洲的前沿阵地,"杜鲁门政府赋予这一地区新的战略重要性"。[1]

第二节 对越政策与越战进程

一、法国势力退出

美国在欧洲与苏联对峙,在亚洲又面临着"朝鲜的僵局";故美国将目光投到东南亚地区,尤其关注法属印度支那。其中越南紧邻中国,作为遏制共产主义的前沿,其

---

[1] 蔡佳禾:《双重的遏制:艾森豪威尔政府的东亚政策》,南京:南京大学出版社,1999年,第10—11页。

地理位置尤为重要。不过鉴于此时越南是法属印支的一员,美国并不想超越法国的领导地位。

1950年1月29日,法国批准越南自治,把行政权交给保大。美国愿意承认并倾向于使用不明显的经济、军事和政治措施加强保大的统治,[①] 以期非共产主义政权能得到越南人民的支持。但此时,越南人民反对法国殖民主义的民族解放运动蓬勃发展。1950年之前,已经有大片国土得以解放。不过北越的处境依然非常艰难,他们向中国寻求援助。在朝鲜战争打响后不久,即1950年9月,在中国的援助下,越南人民军在北越与中国接壤的边境地区向法国发起了边界战役。在边界战役中,法军节节败退。法军的失败导致法国在越南的存在遭到了来自美国的质疑,可法国仍不愿意撤出印度支那地区。

上述形势坚定了美国要插手东南亚,使其免受共产

---

① Memorandum by the Assistant Secretary of State for Far Eastern Affairs (Butterworth) to the Deputy Under Secretary of State for Political Affairs (Rusk), January 5, 1950, *Foreign Relations of the United States*, 1950, Volume Ⅵ, East Asia and the Pacific, p.690.

主义影响的决心。不过,此时美国依然认为:到目前为止,法国军队似乎是抵制共产主义势力的唯一有效保障。① 美国愿意增加对法国的军事援助。

1950年12月6日,法国著名军事将领塔西尼(Jean-Marie-Gabriel de Lattre de Tassigny)被任命为法国远东军总司令,兼任印度支那高级专员,被派遣到越南。且法国表示愿意接受美国的军事援助。

1950年12月23日,美、法、印支三国签署《共同防御援助协议》。法国鉴于法美关系已经得到了较为充分的发展,便向美国索要更多的技术、物资、设备援助,且对美国软硬兼施,威胁道"如果印度支那失落,结果将是灾

---

① Memorandum by the Assistant Secretary of State for Far Eastern Affairs (Rusk) to the Secretary of State, September 11, 1950, *Foreign Relations of the United States*, 1950, Volume Ⅵ, East Asia and the Pacific, p.880.

图 1-2 塔西尼

（图片来源：https://m.baidu.com/sf_bk/item/塔西尼/10751234? fr＝kg_general&ms＝1&rid＝10684947467716575899）

难性的"①。塔西尼则说："有时在美国,我觉得自己像个乞丐一样要东西。"可见美国并没有全部答应法国的援助

---

① Minutes of the First Meeting with General de Lattre de Tassigny, at the Department of State, September 17, 1951, 10: 30 a. m., September 17, 1951, *Foreign Relations of the United States*, 1951, Volume Ⅵ, Part 1, Asia and the Pacific, p.508.

请求,法国也已经明显力不从心了。塔西尼只得跟美国说:"这不是我的剧院,这里是我们的剧院。"①

而美国正忙于朝鲜战争。因为印度支那事务是优先级次于朝鲜战争的事项,所以美国对法援助金额没有增加。同时,美国也希望减少负担过重的维修费用,在其他相关项目上,也不愿意承担财务或其他方面的责任。②美国决定在进一步与法国合作之前,重新审视自己的远东政策。

1952年1月11日,塔西尼去世。同时,法国也面临着财政困难的问题,无法同时负担在欧洲和亚洲的军事开支,故决定削减在印支的支出。有"欧洲之父"之称的法国政治家让·莫内(Jean Monnet)曾坦率地说:"法国

---

① Record of a Meeting at the Pentagon Building, Washington, September 20, 1951, 3:30 p.m., September 20, 1951, *Foreign Relations of the United States*, 1951, Volume Ⅵ, Part 1, Asia and the Pacific, pp.520 – 521.

② The Acting Secretary of State to the Legation at Saigon, December 3, 1951, *Foreign Relations of the United States*, 1951, Volume Ⅵ, Part 1, Asia and the Pacific, pp.551 – 552.

别无选择,因未能履行在欧洲的承诺,所以只能退出印支。"①

美国可以确定其自身目前没有任何部队能来到印支取代法国的位置,所以美国只能继续向印支提供军事援助,而且要增加援助份额。虽然美国指责法国的做法,但在法国自愿撤离的情况下,美国开始考虑制定自己的印支方案。

1952年6月25日,美国最终确定了NSC124/2号文件,即《美国在东南亚的目标和行动方针》。该文件明确提出防止东南亚落入共产主义轨道,东南亚任何一个国家的失落都可能引起连锁反应。东南亚国家可能与中东等地的共产主义势力联合,这将危及欧洲的稳定和安全,危害美国在远东地区的安全利益。此外,共产主义对东南亚构成威胁,而法国无力维持其在印支的驻军会导致

---

① Memorandum of Conversation, by Paul J. Sturm, March 21, 1952, *Foreign Relations of the United States*, 1952–1954, Volume XIII, Part 1, Indochina, p.75.

局势恶化。美国开始考虑采取单方面的军事行动。①NSC124/2号文件标志着美国在亚洲遏制共产主义的战略取代了法国在印支的殖民政策。

二、艾森豪威尔政府逐步介入

1953年,艾森豪威尔上台。其时,美苏冷战争夺的态势激烈。尤其在东亚,朝鲜战争还在进行,中美也处于对抗状态。出于地缘政治的考量,艾森豪威尔政府对印度支那地区较为重视。加之法国力量在印支的衰微,为了遏制共产主义,艾森豪威尔政府决定介入印支事务。

1953年5月,法国制订纳瓦尔计划以夺回印支战场主动权,并得到了美国的大力支持。但越方在越南人民军总司令武元甲(Võ Nguyên Giáp)的指挥及中国军事顾问团的帮助下,把法军围困在奠边府。针对这种状况,美国内

---

① Report to the National Security Council by the Executive Secretary (Lay), June 25, 1952, *Foreign Relations of the United States*, 1952 - 1954, Volume XIII, Part 1, East Asia and the Pacific, pp.127 - 134.

部关于是否出兵越南有一次争论。

关于美国介入印支的争论主要是围绕军事介入的可行性问题进行的。共和党政府在1953年10月通过了"新面貌"基本政策。印度支那被列为对美国具有"战略重要性"的地区,对这些重要地区的攻击"可能会迫使美国在当地用军事力量作出反应"。[①]

虽然美国决策层对印支的战略地位没有怀疑,也已经有相关的政策作为出兵干涉印支的基础,但是美国内部对于出兵印支的可行性问题仍然存在严重分歧。为此,美国决定成立一个工作组来评估法国的军事实力,旨在对美国的未来行动提供参考。工作组向副国务卿沃尔特·比德尔·史密斯(Walter Bedell Smith)报告工作。

1954年1月16日,美国发布《美国在东南亚的行动目标和方针》,确认只要法国继续在印度支那履行其主要责任,美国就会继续支持下去,因为如果越南变成共产主

---

① *The Pentagon Papers*, Volume one, The Senator Gravel Edition, Boston: Beacon Press, p.88.

义国家,美国连取代法国的机会都没有了。美国保证如果共产主义危及东京三角洲地区,美国将协同其他盟国协助法国部队击退"侵略",控制印度支那并恢复其安全与和平。①

1954年1月底,美国向印度支那提供了200名穿制服的美国空军机械师作为军事援助顾问团(Military Assistance Advisory Group)的增援部队。② 但上述措施并没有扭转法军溃败的局面。1954年3月13日,越军向奠边府法军发起攻击,法军陷入困境。

在1954年3月24日的新闻发布会上,艾森豪威尔就奠边府战役和即将举行的日内瓦会议发表了评论,他

---

① Report to the National Security Council by the Executive Secretary (Lay), January 16, 1954, *Foreign Relations of the United States*, 1952 - 1954, Volume XIII, Part 1, Indochina, pp.971 - 976.

② Memorandum of the Meeting of the President's Special Committee on Indochina, Washington, January 29, 1954, *Foreign Relations of the United States*, 1952 - 1954, Volume XIII, Part 1, Indochina, pp. 1002 -1006.

将东南亚地区描述为"最具超越性的重要性"。[①] 参联会主席雷德福（Arthur W. Radford）也表示："我们在华盛顿的所有人都对奠边府战役的进展深感兴趣"，美国正在提供一切可能的援助（美国武装部队除外）；"我非常高兴"纳瓦尔将军（Général Henri Navarre）接受美国军官作为教练协助训练越南军队；如果法国要求美国出兵，将得到美国政府的迅速和彻底的审议。[②]

1954年4月26日，日内瓦会议召开，讨论和平解决朝鲜问题和印度支那问题。与此同时，美国已经意识到奠边府很可能将在"三到四天内陷落"。[③] 在参会前，美

[①] Editorial Note, *Foreign Relations of the United States*, 1952-1954, Volume XIII, Part 1, Indochina, p.1160.

[②] The Chairman of the Joint Chiefs of Staff (Radford) to the Chief of Staff of the French Armed Forces (Ely), April 12, 1954, *Foreign Relations of the United States*, 1952-1954, Volume XIII, Part 1, Indochina, pp.1317-1318.

[③] Memorandum of Conversation, by the Assistant Secretary of State for European Affairs (Merchant), April 26, 1954, *Foreign Relations of the United States*, 1952-1954, Volume XIII, Part 1, Indochina, p.1387.

国定下基调:关于印度支那的谈判,如果法国很明显做出了令人不满意的安排,而且如果美国认为没有足够的预防措施,那么在法国达成这样一项协议后,美国将不得不决定离会。①

1954年5月7日,奠边府陷落。美国提出,如果满足五个条件,将向国会要求授权"出动地面部队干涉"印支事务。②

5月8日,日内瓦会议进入最后阶段。法国提交提案:越南事务和老挝、柬埔寨事务分开讨论。关于越南,法国提出将在解除战斗部队武装、释放战俘、签署协议后立即停止敌对活动。关于老挝和柬埔寨,法国提出撤离

---

① Memorandum by the Adviser to the United States Delegation (Stelle) to the Special Adviser to the United States Delegation (Bowie), May 1, 1954, *Foreign Relations of the United States*, 1952 - 1954, Volume XVI, The Geneva Conference, pp.645 - 646.
② 五个条件包括:印支获得"真正的自由";美国承担培训当地军队的主要责任;美国负责制订军事计划;法国军队继续留在印支,且不得要求美军替代法军;争取英国、澳大利亚、泰国、菲律宾等国参与。详见 *The Pentagon Papers*, Volume one, The Senator Gravel Edition, Boston: Beacon Press, p.503.

所有入侵的正规和非正规部队。以上内容均由参加日内瓦会议的成员国监督实施。[1] 这项提案与美国的预期背道而驰,美国不乐意看到共产党接管东南亚。国安会特别会议立即决定"在可接受的停战协议达成之前,美国不会同意关于停火协议的任何提案"。[2]

　　直至6月中旬,日内瓦会议参会各方的分歧仍不能消除。但此时法国政府更迭,新政府决心在短期内达成停火协议。为此,美国国务卿、美国代表团团长杜勒斯(John Foster Dulles)和副国务卿、美国代表团副团长史密斯都不回日内瓦参会。杜勒斯说:"现在感觉不回去更

---

[1] The United States Delegation to the Department of State, May 8, 1954, *Foreign Relations of the United States*, 1952-1954, Volume XVI, The Geneva Conference, pp.730-731.
[2] The Secretary of State to the United States Delegation, May 8, 1954, *Foreign Relations of the United States*, 1952-1954, Volume XVI, The Geneva Conference, p.731.

好。"美国代表不想违背华盛顿制定的七点协议[①],而且此前杜勒斯已经做好了对可能达成的解决方案"公开拒绝"的准备。[②]

1954年7月21日,会议发布《日内瓦会议最后宣言》,结束在印支三国的敌对活动,恢复印支和平。在与柬埔寨、老挝和越南的关系方面,与会成员国承诺尊重上述国家的主权独立、统一和领土完整,并且不干涉其内政。[③]

美国代表拒绝签字,美国准备干涉印支事务的决心

---

① The Secretary of State to the Embassy in the United Kingdom, July 7, 1954, *Foreign Relations of the United States*, 1952 - 1954, Volume XVI, The Geneva Conference, p.1294.七点协议的主要内容是印度支那不能让共产党接管。详见 The Secretary of State to the Embassy in France, June 28, 1954, *Foreign Relations of the United States*, 1952 - 1954, Volume XVI, The Geneva Conference, pp.1256 - 1257.

② The Secretary of State to the United States Delegation, June 24, 1954, *Foreign Relations of the United States*, 1952 - 1954, Volume XVI, The Geneva Conference, p.1238.

③ The Final Declaration on Indochina, July 21, 1954, *Foreign Relations of the United States*, 1952 - 1954, Volume XVI, The Geneva Conference, pp.1540 - 1542.

昭然若揭。史密斯发表声明:"在日内瓦会议上达成的协议包含了美国不喜欢的特征。"① 在 7 月 21 日的新闻发布会上,艾森豪威尔指出,印度支那问题的主要责任在于"参与战斗的国家",美国不是"受其约束的一方"。且表示美国正与其他盟国讨论在东南亚组织防御,防止该区域被共产主义影响。②

最终在 1954 年 8 月 20 日,美国制定了一份名为《关于美国对远东政策的研究》的文件,在此文件中阐述了"美国在印度支那排挤、取代法国的政策"。③ 这份文件是美国对亚洲政策的细化,进一步明确了美国的远东政策。其后,美国介入越南的程度逐步加深。最终,美国取代法国,继续介入越南事务。

---

① Statement by the Under Secretary of State (Smith), July 23, 1954, *Foreign Relations of the United States*, 1952－1954, Volume XVI, The Geneva Conference, p.1551.
② Editorial Note, *Foreign Relations of the United States*, 1952－1954, Volume XVI, The Geneva Conference, p.1503.
③ 马晋强编著:《当代东南亚国际关系》,北京:世界知识出版社,2000 年,第 138 页。

三、美国破坏越南大选

日内瓦协议规定:越南以北纬 17 度线为临时军事分界线,越盟控制该线以北的越南地区,法军则在该线以南地区集结;1956 年 6 月,越南将举行全国大选。到 1954 年 7 月,法军有 18.5 万人留在南越,其他任何军队暂时无法替代这支力量。南越军队在目前的训练和纪律状况下,不能与越盟部队进行战斗。[①] 在日内瓦会议期间,美国已开始策划南越未来的"政治安排"。美国愿意承担起对南越部队进行训练的责任,但是对越南全国大选的可取性持强烈保留态度。[②] 日内瓦协议的规定与美国对越南的"政治安排"是有冲突的,故美国开始想办法在南越

[①] The Ambassador at Saigon (Heath) to the Department of State, July 16, 1954, *Foreign Relations of the United States*, 1952-1954, Volume XIII, Part 2, Indochina, p.1842.

[②] The Ambassador in France (Dillon) to the Department of State, May 26, 1954, *Foreign Relations of the United States*, 1952-1954, Volume XIII, Part 2, Indochina, p.1615.

取代法国的地位。

南越保大腐败,法国也仍然在南越进行殖民统治,美国越发深信胡志明会赢得选举的胜利。美国担心其在印度支那的不作为会导致越南的选举提前以及共产党接管印度支那。既然选举无疑会导致越南成为共产主义国家,那么越南分裂才是最佳解决方案,故而美国打算敦促法国给予南越完全的政治和经济独立,并通过适当措施来强化这种独立。[1]

虽然美国、法国与时任南越首相吴庭艳(Ngo Dinh Diem)之间有龃龉(吴庭艳在处理南越局势方面非常无效),但是美国仍有支持吴庭艳建立南越政权的意愿。一方面,吴庭艳持反对法国殖民统治及反共的立场,且拥有不少南越知识分子的支持,而这恰好是美国看中的"品质"。同时,美国鼓励吴庭艳将天主教徒和其他反共武装

---

[1] Memorandum by the Director of the Policy Planning Staff (Bowie) to the Secretary of State, June 25, 1954, *Foreign Relations of the United States*, 1952 – 1954, Volume XIII, Part 2, Indochina, pp. 1748-1751.

分子从北越转移到南越,旨在通过移民增加吴庭艳赢得全国选举的可能性。

另一方面,吴庭艳或其他人组建的政府有必要在越南举行自由选举,以确立政府的合法性和权威性。美国驻西贡大使馆参赞基德尔(Randolph A. Kidder)建议,"应该让南北越分开举行选举,并尽可能使其产生广泛的分歧,以增加南越获胜的机会"。[①] 实现越南南部的政治稳定成为更为紧迫、更为关键的问题。

直到1954年12月初,美国对帮助吴庭艳维护和巩固南越政权仍感到前景非常黯淡。而在12月18日,法国驻印度支那总司令保罗·伊利(Paul Ely)与雷德福通电话,通话内容让雷德福非常惊讶。因为伊利"坦率地"告知雷德福最终结果:他正在和美国驻越大使柯林斯(J. Lawton Collins)合作以支持吴庭艳。伊利说:"有两个强

---

① The Charge in Vietnam (Kidder) to the Department of State, November 16, 1954, *Foreign Relations of the United States*, 1952 - 1954, Volume XIII, Part 2, Indochina, p.2256.

大的国家支持吴庭艳,吴庭艳应该能够成功。"[1] 同时,中情局也一直在背后支持吴庭艳。中情局打算通过制造一个"有说服力的"、"有据可查的"越盟违反日内瓦协议的案例,为推迟或取消1956年的选举创造更有利的舆论氛围。[2]

在1954年年底,美国最终的决定是:扶持吴庭艳,在1956年举行大选。在其看来,这些措施是解决越南问题的"最佳手段"。但一直到1955年中期,美国又经历了帮助吴庭艳巩固政权、与法国一起承担培训南越军队的责任、考虑换掉吴庭艳、西贡危机,以及最终又决定支持吴庭艳等一系列事件。直到此时,吴庭艳才算刚刚渡过了非常严重的"危机"。保大解除吴庭艳对军队控制权的努

---

[1] Memorandum of Conversation, by the Chairman of the Joint Chiefs of Staff (Radford), December 18, 1954, *Foreign Relations of the United States*, 1952 - 1954, Volume XIII, Part 2, Indochina, p.2399.
[2] Memorandum by the CIA Member of the Special OCB Working Group on Indochina (Bissell), December 20, 1954, *Foreign Relations of the United States*, 1952 - 1954, Volume XIII, Part 2, Indochina, p.2408.

力完全失败了。①

为了使吴庭艳政权具有合法性,1955年5月,美国开始帮助吴庭艳在关于越南全国选举的问题上出谋划策。美国认为南越应采取以下立场:选举应旨在建立一个国民议会,国民议会的唯一任务是起草宪法。② 这将为吴庭艳政权提供新的宪法基础。随后,在1955年6月8日,美国发表了解决越南选举问题政策声明草案。但吴庭艳反对在1955年7月20日与越盟举行磋商。原因有三:南越没有签署日内瓦协议;在国民议会选举后,南越才能考虑协商和选举问题;必须解决法国军队在越南的地位问题,以便在选举前,南越可以毫无疑问地拥有完

---

① Editorial Note, *Foreign Relations of the United States*, 1955-1957, Volume Ⅰ, Vietnam, p.415.
② Telegram from the Secretary of State to the Embassy in Vietnam, May 27, 1955, *Foreign Relations of the United States*, 1955-1957, Volume Ⅰ, Vietnam, p.423.

全的"主权"。① 与吴庭艳协商迅速成为美国主要的政治和外交问题。

1955年6月14日,随着局势的改变和发展,美国稍微改变了态度,开始同情吴庭艳的上述立场,认为吴庭艳"在逻辑上和道德上都是正确的",毕竟他没有拒绝越南全国大选的提议;并决定,如果吴庭艳声称有其他正当理由,"我们不会敦促他于7月20日开始磋商"。②

1955年7月6日,美国国务院已准备好了吴庭艳就任南越总统的贺信。③ 同时,美国也在为吴庭艳掌权寻

---

① Memorandum from the Deputy Assistant Secretary of State for Far Eastern Affairs (Sebald) to the Secretary of State, June 8, 1955, *Foreign Relations of the United States*, 1955 - 1957, Volume Ⅰ, Vietnam, pp.436 - 438.

② Memorandum from the Deputy Assistant Secretary of State for Far Eastern Affairs (Sebald) to the Secretary of State, June 14, 1955, *Foreign Relations of the United States*, 1955 - 1957, Volume Ⅰ, Vietnam, pp.449 - 455.

③ Draft Telegram from the Secretary of State to the Embassy in Vietnam, July 6, 1955, *Foreign Relations of the United States*, 1955 - 1957, Volume Ⅰ, Vietnam, pp.480 - 481.

找其他法律依据。"如果吴庭艳在不承认日内瓦协议的情况下默认并接受国际刑事法院的存在,那么就不会有任何因素能限制南越坚持采取额外措施来举行选举的行为。"①

1955年7月16日,吴庭艳在广播中声明:"我们没有签署日内瓦协议。……除非能获得真正的自由,否则就没有任何理由举行选举。……我们对在北部获得自由选举条件的可能性仍持怀疑态度。"② 并开始公然违背日内瓦协议,拒绝进行越南全国大选。南越拒绝越南全国大选的实际原因是担心越盟影响力过大,从而导致南越输掉选举。

日内瓦会议后,越盟已脱颖而出,享誉国际,并且在

---

① Telegram from the Acting Secretary of State to the Embassy in Vietnam, July 15, 1955, *Foreign Relations of the United States*, 1955 – 1957, Volume Ⅰ, Vietnam, pp.487 – 488.

② Telegram from the Ambassador in Vietnam (Reinhardt) to the Department of State, July 16, 1955, *Foreign Relations of the United States*, 1955 – 1957, Volume Ⅰ, Vietnam, pp.489 – 490.

印度支那的实力和威望也大大提高。"日内瓦会议结束后,越南南方的抗战骨干大都随人民军部队北撤,但仍有1万人左右留下。"① 针对吴庭艳破坏选举、不打算举行选举的态度,越盟通过宣传战、游击战等措施削弱吴庭艳政权。越盟的政治活动在农村地区以体育团体、农民协会等形式广泛存在,为越盟打下了坚实的群众基础。北越考虑到国际舆论的影响,没有以公开的军事行动打击南越,而是决定通过心理战、政治战、准军事措施隐秘地反击南越政权。并且北越准备大量增加准军事力量,以进行广泛的游击活动。②

美国的目标变成了尽可能长时间地拖延越南北南协商,同时打算在必要时对越南进行军事干预。1955 年 8

---

① 时殷弘:《美国在越南的干涉和战争(1954—1968)》,北京:世界知识出版社,1993 年,第 62 页。
② Telegram from the Chief of the Military Assistance Advisory Group in Indochina (O'Daniel) to the Commander in Chief, Pacific (Stump), August 9, 1955, *Foreign Relations of the United States*, 1955 - 1957, Volume Ⅰ, Vietnam, pp.506 - 510.

月16日,国安会制定了《北越再次入侵南越时的美国政策》,称"如果越南共产党再次进行敌对行动,在适当和可行的情况下,将要求国会授权使用美国武装部队进行干涉"。①

1955年8月,南越进行了一次人口普查。吴庭艳说,这次人口普查"有双重目的:第一,为越南南部预期的选举做准备;第二,征兵"。在讨论宗派问题时,吴庭艳认为,"实际上所有持不同政见者都被击败了"。至于农村的共产主义力量,吴庭艳认为"已经减少了约50%"。②到1955年8月底,美国认为除非北越入侵,否则吴庭艳在南越的地位得以巩固的概率极高。这种情况得以存在,很大程度上归因于越南缺乏有组织的反对吴庭艳的

---

① Memorandum from the Executive Secretary (Lay) to the National Security Council Planning Board, August 16, 1955, *Foreign Relations of the United States*, 1955-1957, Volume Ⅰ, Vietnam, pp.515-516.
② Memorandum of a Conversation, Saigon, August 18, 1955, *Foreign Relations of the United States*, 1955-1957, Volume Ⅰ, Vietnam, p.519.

力量。吴庭艳更坚决地表示,他不会与共产党就选举问题打交道。

1955年9月16日,美国出台《北越敌对行动升级时的美国政策》,继续纵容吴庭艳不与北越进行选举磋商,暗示吴庭艳在越南南部单独举行选举。英国、美国和法国都敦促吴庭艳在切实可行的情况下尽快举行此类选举。1955年10月5日,美国驻越大使已向南越发出了两次全民投票和国民议会选举的计划①,试图说服南越尽快建立国民议会。

1955年10月25日,吴庭艳发起与保大竞选总统的全民投票。全民公投的特点是"积极、单边地"支持吴庭艳。吴庭艳得票率约为98%。美国宣称,除了在发生和

---

① Memorandum from the Director of the Office of Philippine and Southeast Asian Affairs (Young) to the Assistant Secretary of State for Far Eastern Affairs (Robertson), October 5, 1955, *Foreign Relations of the United States*, 1955 - 1957, Volume Ⅰ, Vietnam, pp.550 - 551.

好教暴乱的几个地区外,有90%以上的注册选民参与了选举。① 至此,美国扶持吴庭艳出任南越第一任总统,建立了南越傀儡政权。"越南南方事实上一步步变成美国的新型殖民地。"②

第三节 "反叛乱"的由来

一、艾森豪威尔政府"反叛乱"计划

针对美、南越违反日内瓦协议的情况,越盟开始在南越山区和偏远地区采取一些公开的军事行动。吴庭艳在统一了南越其他几支军事力量后,自1955年开始了清除

---

① Telegram from the Ambassador in Vietnam (Reinhardt) to the Department of State, October 25, 1955, *Foreign Relations of the United States*, 1955-1957, Volume Ⅰ, Vietnam, pp.565-566.
② 王绳祖主编:《国际关系史(1960—1969)》(第九卷),北京:世界知识出版社,1995年,第227页。

越南共产党的"反叛乱"行动。但吴庭艳把权力集中在自己手中,不肯任命副总统以协调国防部与内政部的"反叛乱"工作。为了防止发生军事政变,吴庭艳亲自管理国防部,还直接领导重要军事力量国民警卫队[1]。他甚至还把资源分散到各省,日常事务交由各省省长处理。因为省长任命权由总统决定,所以杜绝了军人政变的可能性。吴庭艳的专权埋下了与美国矛盾的种子。此外,在"反叛乱"方面,美国认为南越缺乏建设性的方案。

美国认为吴庭艳面临着北越渗透的糟糕局面[2],所以美国对越南政策最直接的考虑是通过消除南越内部的"叛乱"来建立一个稳定的南越政权,并打算通过为南越军队创造条件及扩大南越准军事部队规模的方式来实现。

---

[1] 国民警卫队是南越最大的内部安全部队,大约有52000人(吴庭艳多次扩大国民警卫队规模),但是国民警卫队在维护南越内部安全方面效果不佳。

[2] Editorial Note, *Foreign Relations of the United States*, 1955–1957, Volume Ⅰ, Vietnam, pp.624–625.

1956年,吴庭艳对进入南越的北越共产党员实施残酷镇压。尼克松回忆录记载,"吴在全国范围内对共产党人和他们的同情者进行了残酷的清洗,将数以万计的南越人遭送到艰苦严酷的思想改造营地"。[1]

1956年1月,吴庭艳发布了一项政令,这条政令的内容是逮捕所有被认为危害国家安全的人。[2] 此举无疑升级了清除共产党的行动。充当吴庭艳打手的有:刑警、

---

[1] [美]尼克松著,王绍仁、吴明、王为译:《不再有越战》,北京:世界知识出版社,1999年,第41页。这个数据来自尼克松的回忆录,本来吴庭艳政权就是美国扶植建立的,尼克松还说数以万计的南越人被送到艰苦严酷的营地,应该说这个叙述是客观的。

[2] Dale Andradé, *Ashes to Ashes: The Phoenix Program and the Vietnam War*, Lexington and Toronto: Lexington Books, 1990, p.34.

市政警察、国民警卫队、民兵和宪兵。[①] 正是因为这些准军事力量,美国和南越产生了分歧。

1957年,美国政府内部以及美国政府与吴庭艳政权之间产生了分歧,分歧集中在自卫队(SDC,另有译为保安队)上。自卫队是民兵组织,散落在农村,是驻扎的静态安全部队,不是移动战斗单位,负有巡逻、保卫南越村庄和战略村,对抗越南南方民族解放阵线基层组织的任务,向村庄和战略村的人民提供保护。自卫队负起上述

[①] 在威廉·罗西瑙(William Rosenau)的《美国对南越的内部安全援助:叛乱、颠覆和公共秩序》(US Internal Security Assistance to South Vietnam: Insurgency, Subversion and Public Order)一书中,具体介绍了这5种组织:刑警是一支3000人的部队,主要职责是犯罪侦查和反破坏、反假冒和反走私。在美国官员眼中,这个组织类似于美国联邦调查局(FBI),具有执法和反颠覆的功能。市政警察主要执行日常公共安全任务,如巡逻、交通管制及守卫公共建筑物。西贡的部队规模是全国最大的,总计超过5000人。此时,国民警卫队有44000人,负责巡逻、守护桥梁,以及保护沿通信干线的哨所。吴庭艳通过1955年4月的法令,合并各省地方和私人势力(美国使馆称之为"杂牌军"),成立国民警卫队。民兵,南越农村地区的安全自救组织。宪兵是由753人组成的相对训练有素的部队。与法国殖民时期不同,宪兵不是一个普通的内部安全部队,而是一个专门的警察组织,军民两用,职责是出具交通事故报告和调查军事人员。见书中第39—40页。

责任的目的是让南越军队不再分心于"反叛乱",专心于常规战争。最初美国资助自卫队时已打算好,当南越政权稳定后,便不再向自卫队提供经济援助。

1957年8月时,自卫队大约有51000人。吴庭艳希望扩大规模到60000人,而美国大使埃尔布里奇·杜布罗(Elbridge Durbrow)认为30000人就绰绰有余了。[1] 尽管两年来自卫队得到了美国大量的资金援助,但是民兵的表现却不佳,北越已经彻底渗透到南越各地。不过美国军方并不想放弃这支力量。1957年11月,美国决定不削减自卫队的开支。但杜布罗表示,对他们"应该给予一些警告"。[2] 经过讨论,美方最终决定:在南越当局做出改进之前,不予以资金资助。

---

[1] William Rosenau, *US Internal Security Assistance to South Vietnam: Insurgency, Subversion and Public Order*, New York: Routledge, 2005, p.57.

[2] Memorandum for the Record, by Colonel James I. Muir of the Military Assistance Advisory Group in Vietnam, November 5, 1957, *Foreign Relations of the United States*, 1955–1957, Volume Ⅰ, Vietnam, pp.856–861.

此外,杜布罗和越南军事援助顾问团团长威廉姆斯(Samuel T. Williams)关于国民警卫队的归属问题看法也不同。杜布罗不同意把国民警卫队归入国防部,为此还采取了强硬路线。威廉姆斯则采取曲线方式规避杜布罗的辖制。1958财年援越计划中,大约有500万美元的装备交付给国民警卫队。杜布罗决定代扣一部分预定转让的武器。威廉姆斯则采取了更戏剧性的措施来规避武器禁运,他干脆从美国军方资产中转移了5000支汤普森冲锋枪给国民警卫队。[1]

关于国民警卫队,爱德华·兰斯代尔描述了南越农村国民警卫队哨所的滑稽场面:

(它们)是温馨的家庭事务。其中,国民警卫队……与家人同住。我沿着省道开车过去,似乎用

---

[1] William Rosenau, *US Internal Security Assistance to South Vietnam: Insurgency, Subversion and Public Order*, New York: Routledge, 2005, pp.70-75.

田园风光来描述这些哨所更为适合。各家各户在阳光下洗涤晾晒,还有成群的孩子们在院子里玩耍。①

随着南越共产党游击队实力的持续增长以及南越吴庭艳政权"反叛乱"单位的无能,美、南越开始克服他们之间的分歧。1959年3月底,威廉姆斯与吴庭艳讨论了美国顾问与南越部队一起参与反游击战的可能性。5月,美国政府授权扩大了驻越美国军事顾问的职能。军事顾问开始参与南越军队具体作战计划的制订,并随军以备咨询。② 在美国的帮助下,吴庭艳在"反叛乱"方面取得了进展,巩固了政权。

鉴于吴庭艳政权严厉摧残越南南方革命力量的状况,南方强烈要求展开武装斗争。在越南劳动党第三次

---

① William Rosenau, *US Internal Security Assistance to South Vietnam: Insurgency, Subversion and Public Order*, New York: Routledge, 2005, pp.62-69.
② 刘金质:《冷战史(1945—1991)》,北京:世界知识出版社,2003年,第461页。

全国代表大会上,"决议要求在南方建立一个反对美吴统治的'民族统一阵线'。它将以工农联盟为基础,集合所有爱国人士,不分其阶级、阶层、政党、民族和信仰,为解放南方、统一祖国而奋斗"。[①] 南越的知识分子、精英、工人、商人都对吴庭艳政权不满。在这些因素的促使下,北越在南越建立了与南越政权平行的政治机构,在南方成立了越南南方民族解放阵线。越南南方民族解放阵线有自己的人民革命党(PRP)、旗帜和军事力量(游击队),对外以独立的力量示人(实际控制权在北越)。越南领导人黎笋(Le Duan)在1975年5月说:"我们党从革命的第一天起就是组织、控制和领导整个越南人民斗争的唯一领导者。"[②]

美国面对南越持续的、系统的共产党游击战的现实情况,担心南越政权因此垮台。南越已投入了约70%的

[①] 时殷弘:《美国在越南的干涉和战争(1954—1968)》,北京:世界知识出版社,1993年,第70页。

[②] 转引自[美]尼克松著,王绍仁、吴明、王为译:《不再有越战》,北京:世界知识出版社,1999年,第55页。

军队从事"反叛乱"工作。① 南越正规军作为南越"反叛乱"的主力,在"反叛乱"工作中被严重消耗。制订系统的南越"反叛乱"计划,以改变南越混乱的"反叛乱"状况,再次被提上日程。

1960年9月,美军太平洋司令部提出"南越反叛乱计划"。② 军事援助顾问团建议让国民警卫队接管一部分"反叛乱"工作。③ 上述措施的目的是帮助南越当局建立系统的"反叛乱"计划,打败"叛乱",恢复南越政治和经济的稳定。

最终,美国国防部和参谋长联席会议批准了太平洋司令部的"反叛乱"计划。该计划的范围大致包括:支持

---

① Outline Plan Prepared by the Military Assistance Advisory Group in Vietnam, October 27, 1960, *Foreign Relations of the United States*, 1958-1960, Volume Ⅰ, Vietnam, p.616.
② 彭永福:《英国与越南战略村计划起源的再探讨》,《冷战国际史研究》2014年第2期,第63页注释。
③ Paper Prepared by the Military Assistance Advisory Group in Vietnam, *Foreign Relations of the United States*, 1958-1960, Volume Ⅰ, Vietnam, pp.550-556.

太平洋司令部和国防部在南越的"反叛乱"行动；调整军方人员、物资、预算和组织运营；加快培训和武装南越准军事部队及警察；改变南越政府（军事）结构，将国民警卫队移交给国防部；拦截越南边境的"叛乱分子"；协调南越警察和军队行动以及协调南越与老挝、柬埔寨等邻国的行动；高度重视情报的作用，准确及时地了解南越境内越共的组织和活动；充分利用民事方案支持安全行动；把越共和对越共的同情者区分开，通过登记、识别、食品控制、信息支持等措施来实施这项行动，以获取民众的信任和支持；因南越在少数民族地区无法实施"反叛乱"任务，要在边境巡逻，防止"叛乱分子"从南越以外的地区获得支持。[1]

美国制订的南越"反叛乱"计划内容丰富，是一个涉及方方面面的完整的计划。在这项计划的支持下，军事

---

[1] Outline Plan Prepared by the Military Assistance Advisory Group in Vietnam, October 27, 1960, *Foreign Relations of the United States*, 1958-1960, Volume Ⅰ, Vietnam, pp.613-620.

援助顾问团迅速把国民警卫队纳入南越陆军。国民警卫队成为陆军辅助的话,陆军就可以专心于正规战斗。民事执法交由市政警察部队负责。但警察仅存在于城市地区,故执法真空依然存在。[①] 该计划并没有超出美国提供顾问咨询的范围,但初步规划了南越"反叛乱"的范围,为肯尼迪在南越的"反叛乱"政策出台打下了基础。肯尼迪弥补了艾森豪威尔时期"反叛乱"的执法真空。

二、肯尼迪政府"反叛乱"小组的成立

肯尼迪本就热衷于"反叛乱"理论,大学期间曾写过名为《慕尼黑的绥靖政策——英国民主从裁军政策缓慢转化为重整军备政策的必然后果》的论文。国家安全事务助理罗斯托(Walt W. Rostow)是肯尼迪政府时期游击战方面的权威,他的理论学说为肯尼迪所尊崇。有了

---

① William Rosenau, *US Internal Security Assistance to South Vietnam: Insurgency, Subversion and Public Order*, New York: Routledge, 2005, pp.70-75.

理论支持,且为了对抗共产主义的影响,肯尼迪政府特别重视使用"反叛乱"战略对抗南越内部的共产党"叛乱"。

肯尼迪政府初期基本按照艾森豪威尔时期制订的美国在南越的"反叛乱"计划行事。在肯尼迪入主白宫前后,也就是1961年1月,国务院文件显示美国驻越使馆还是维持了艾森豪威尔时期制订的南越"反叛乱"计划。① 2月,肯尼迪批准了驻越大使馆和军事援助顾问团制订的南越基本"反叛乱"计划(CIP)。② 这份计划与艾森豪威尔时期的南越"反叛乱"计划内容几乎一样,没有什么变化。变化出现在1961年2月底。

1961年2月28日,南越提出希望重组联合参谋部以集中力量进行"反叛乱",并提供了经济支持方案。且

---

① Paper Prepared by the Country Team Staff Committee, January 4, 1961, *Foreign Relations of the United States*, Vietnam, 1961-1963, Volume Ⅰ, pp.1-12.

② William Rosenau, *US Internal Security Assistance to South Vietnam: Insurgency, Subversion and Public Order*, New York: Routledge, 2005, p.74.

南越当局打算在省、市、村里成立内部安全委员会。基于在马来西亚的成功经验,英国支持南越当局的提议①,并打算参与南越的"反叛乱"事务。

肯尼迪也担心南越抵制不住共产党的压力。白宫要求各部门研究并完善实施步骤以进一步增强南越防务。为了加快对南越武装部队的培训和利用英国在马来西亚的经验,国务院同英国协商,请求派遣2到3名英国或者马来西亚官员到军事援助顾问团帮助实施"反叛乱"培训项目。②"3月底,英国驻南越大使馆军事顾问李上校(Colonel Lee)为南越政府开设反叛乱课程……4月初,在英联邦事务部督促下,马来亚向南越派遣以罗伯特·

---

① Telegram from the Embassy in Vietnam to the Department of State, February 28, 1961, *Foreign Relations of the United States*, Vietnam, 1961-1963, Volume Ⅰ, pp.37-40.
② Telegram from the Department of State to the Embassy in Vietnam, March 1, 1961, *Foreign Relations of the United States*, Vietnam, 1961-1963, Volume Ⅰ, pp.40-42.

汤普森为首的顾问小组。"①

1961年4月中旬,南越"反叛乱"面临新的形势。吴庭艳想集权力于一身,这就要求美国下放一些权力。但美国时任驻越大使杜布罗认为情报和"反叛乱"计划的制定权不能与南越共享。② 肯尼迪支持杜布罗的建议,但决定先派一个工作组到越南实地考察。

1961年4月20日,肯尼迪成立了一个总统工作小组,由国防部副部长吉尔帕特里克(Roswell L. Gilpatric)负责。1961年4月24日,总统工作小组举行第一次会议,决定派兰斯代尔随工作小组访越,由驻越军

---

① 彭永福:《英国与越南战略村计划起源的再探讨》,《冷战国际史研究》2014年第2期,第60页。
② Memorandum from the President's Deputy Special Assistant for National Security Affairs (Rostow) to the President, April 15, 1961, *Foreign Relations of the United States*, Vietnam, 1961–1963, Volume Ⅰ, pp.72–73.

事援助顾问团制定"反叛乱"准则。①

1961年4月27日,吉尔帕特里克向肯尼迪提交报告。应肯尼迪的要求,报告中评估了南越的共产党"叛乱"状况。报告主要指出:南越内部问题急需解决,同时面临着共产党影响的严峻外部问题,外部的主要威胁来自北越和老挝。1960年9月,北越再次对南越进行秘密战。1960年8月9日,老挝伞兵上尉贡勒(Kong Le)发动政变。整个东南亚的形势有利于共产党,共产党的数量从1960年的4400人上升到12000人。② 总之,南越内忧外患,其安全问题到了需要解决的时刻。

1961年5月3日,吉尔帕特里克又向国家安全委员会提交了一份越南行动计划,建议美国扩大在东南亚的行动,成立一个由国务院、国防部、财政部、中情局、国际

---

① Draft Notes on the First Meeting of the Presidential Task Force on Vietnam, the Pentagon, April 24, 1961, *Foreign Relations of the United States*, Vietnam, 1961-1963, Volume Ⅰ, pp.77-80.

② Gareth Porter, Gloria Emerson, *Vietnam*, *A History in Documents*, New York: New American Library, Inc., 1981, pp.208-209.

合作总署、新闻署和总统办公室组成的跨部门工作小组，任命兰斯代尔为工作小组的作战军官，让英国承担一部分对南越的责任（主要承担南越军队反游击战的培训任务）。[①] 至此，吉尔帕特里克认为其工作小组已完成任务，建议将小组解散。但肯尼迪认为时机尚不成熟，工作小组提出的行动纲领不会在周五的国家安全委员会上讨论。这意味着工作小组还要对建议进行修改。

1961年5月4日，工作小组召开第二次会议。吉尔帕特里克宣布修改草案。会议最终决定：跨部门工作小组由国务院负责，国防部派兰斯代尔作为代表，工作小组报告的主要内容与"叛乱"问题有关，国防部单独提交报告。[②] 跨部门工作小组成立的目的是希望各部门能够合

---

① Memorandum from the Deputy Secretary of Defense (Gilpatric) to the President, May 3, 1961, *Foreign Relations of the United States*, Vietnam, 1961-1963, Volume Ⅰ, p.92.

② Draft Memorandum of the Conversation of the Second Meeting of the Presidential Task Force on Vietnam, the Pentagon, May 4, 1961, *Foreign Relations of the United States*, Vietnam, 1961-1963, Volume Ⅰ, pp.115-123.

作,不是一个部门以优先权力去压倒另一个部门,且跨部门工作小组的主要工作是"反叛乱"。

1961年5月11日,肯尼迪看了吉尔帕特里克工作小组的报告后,批准了报告中的多项提议,同意使用军事、政治、经济、心理战和隐蔽行动等方式对抗南越的共产党,同意成立一个由国务院领导的越南特别工作小组。① 这样美国不但没有下放权力,还成立了一个专门的"反叛乱"机构。美国政府的文职机构也奉命加入了"反叛乱"行列。

三、肯尼迪民事"反叛乱"的扩大

美国国务院在承担报告南越"反叛乱"问题的责任后,建议南越分阶段实施"反叛乱",让南越优先考虑军事"反叛乱",等进入安全阶段后,再使用准军事、民事"反叛

---

① National Security Action Memorandum No. 52, May 11, 1961, *Foreign Relations of the United States*, Vietnam, 1961–1963, Volume Ⅰ, pp.132–134.

乱"手段。① 这显然与英国的"反叛乱"理念大为不同。但在 1961 年 8 月,东德开始修建柏林墙,美苏部队在柏林墙下对峙。这个状况导致美国肯定不能减弱北约的军事力量,美国注定不会分兵越南,故肯尼迪急需盟友的帮助。

恰好,英国派出了"反叛乱"专家团到越南。"9 月 17 日,英国正式宣布派遣以罗伯特·汤普森为首的英国顾问团援助南越。"② 汤普森代表团到南越后,经过实地考察,向南越当局提交了一份关于三角洲地区的"反叛乱"纲要。该纲要的主要内容是建议南越按照其他国家的"反叛乱"模式,在中央和地方设立有效的内部安全委员

---

① Telegram from the Embassy in Vietnam to the Department of State, August 14, 1961, *Foreign Relations of the United States*, Vietnam, 1961 - 1963, Volume Ⅰ, pp.274 - 279.
② 彭永福:《英国与越南战略村计划起源的再探讨》,《冷战国际史研究》2014 年第 2 期,第 65 页。

会①和实施战略村计划。由此可以看出,英国的"反叛乱"理念是坚持以民事手段为主,以争取民心。

美国对英国的"反叛乱"建议心存疑虑。1961年10月中旬,肯尼迪派遣其军事代表泰勒(Maxwell D. Taylor)率调查团到南越实地考察。彼时湄公河三角洲地区正在遭遇罕见的洪灾,南越当局和民众关系原本就比较紧张,洪灾又增加了南越当局的经济和行政负担。南越当局急于得到美国的援助,便以"反叛乱"为名,要求修复被洪水损坏的道路、桥梁。②

1961年11月3日,泰勒向肯尼迪建议:为了帮助南越应对危机,应取消驻越军事援助顾问团的人数上限;以抗洪救灾的名义向南越派遣部队;成立一个由总统助理

---

① Briefing Paper Prepared by the Embassy in Vietnam, October 17, 1961, *Foreign Relations of the United States*, Vietnam, 1961-1963, Volume I, pp.386-388.

② Telegram from the Chief of the Military Assistance Advisory Group in Vietnam (McGarr) to the Commander in Chief. Pacific (Felt), October 23, 1961, *Foreign Relations of the United States*, Vietnam, 1961-1963, Volume I, pp.424-425.

领导的特别小组,以专属的沟通渠道和财政权及时处理南越的紧急状况;让一个高级军官负责美国在南越的一切"反叛乱"事务。① 总之,泰勒的建议可以归纳为美国应该与南越建立"有限伙伴"关系。

时任国防部长麦克纳马拉(Robert S. McNamara)以及参谋长联席会议都支持泰勒调查团的建议。"他们反对渐进主义的做法,建议派遣美国战斗部队部署在北纬17度线以南地区。"但最终肯尼迪经过权衡,"把美国的对越政策确定为'有限伙伴'政策"。② 相应的,美国在越南只是实施"特种战争",即"反叛乱"战争,通过出钱、出武器装备的方式和用美国地面部队以外的军事力量及军事顾问干涉的手段参与战争。1961年11月22日,肯尼迪签署了《国家安全行动备忘录第114号》,以确保美国

---

① Letter from the President's Military Representative (Taylor) to the President, November 3, 1961, *Foreign Relations of the United States*, Vietnam, 1961-1963, Volume Ⅰ, pp.477-532.
② 吕桂霞:《"泰勒调查团"与美国对越"有限伙伴"政策的确立》,《历史教学》2006年7期,第28—29页。

的援助有助于南越的"反叛乱"。[①] 此后掀起了对越援助的高潮。

美国要大量援助南越,肯定要加强自己对南越的掌控及削弱英国在南越"反叛乱"事务中的作用。汤普森代表团没能协调美英在南越的"反叛乱"政策,他绕过美国直接向南越当局提出建议。而吴庭艳利用他规避了美国所要求的南越改革,这直接降低了美国在南越的作用。为了反击英、南越的上述行动,美国在南越成立了军事司令部,并在白宫成立了"反叛乱"特别小组。

1961年12月,国防部、中情局和国际开发署(AID)讨论南越的"反叛乱"活动,并提出了在南越成立军事司令部、设立美军司令的草案。军队的角色是协调与"反叛乱"紧密相关的援助活动。政治问题和基本政策仍然由

[①] William Rosenau, *US Internal Security Assistance to South Vietnam: Insurgency, Subversion and Public Order*, New York: Routledge, 2005, p.92.

驻越大使瑙尔汀(Frederick E. Nolting)负责。[1] 驻越大使和美军司令的职责明确,目的是避免在越南的美国高级官员被离间。1962年2月,美国最终成立了驻越军援司令部。

1962年1月18日,肯尼迪批准了《国家安全行动备忘录第124号》,在白宫成立了"反叛乱"特别小组。[2] 这是白宫成立的一个规格比较高的"反叛乱"机构,其目的是确保官僚机构仍然把重点放在新的"反叛乱"任务上,统一调动资源。特别小组由泰勒主持,包括国务卿腊斯克(Dean Rusk)、国防部长麦克纳马拉、国际开发署负责人福勒·汉密尔顿(Fowler Hamilton)、中情局局长约翰·麦科恩(John A. McCone)、司法部部长罗伯特·肯

---

[1] Letter from the Secretary of Defense (McNamara) to the Secretary of State, December 7, 1961, *Foreign Relations of the United States*, Vietnam, 1961 – 1963, Volume Ⅰ, pp.720 – 723.

[2] National Security Action Memorandum No. 124, January 18, 1962, *Foreign Relations of the United States*, Vietnam, 1961 – 1963, Volume Ⅱ, pp.48 – 50.

尼迪(Robert Kennedy)等成员。[1]

吴庭艳不甘心权力被美国独揽,所以不赞同美国的"反叛乱"方式,不肯签署《三角洲计划》[2]。此时,汤普森已经向美国妥协,与美国军方协调他的"反叛乱"计划,[3] 听命于美国军方。肯尼迪政府决定优先支持扩大了的"反叛乱"计划。为此,肯尼迪接连签署《国家安全行动备忘录第131号》和《国家安全行动备忘录第132号》,全力支持"反叛乱"计划,支持南越警察部队。[4] 在大量美援面前,1962年3月19日,在推迟了一个月后,吴庭艳最

---

[1] William Rosenau, *US Internal Security Assistance to South Vietnam: Insurgency, Subversion and Public Order*, New York: Routledge, 2005, pp.89-90.

[2] 其中,战略村计划是核心,吴庭艳不希望权力被分散,所以不肯签署旨在协调人口及涉及战略村的任何计划。且吴庭艳坚决拒绝以增加南越政权赤字的方式为"反叛乱"提供资金支持。美国决策层认为这是"敲诈勒索"。

[3] Paper Prepared for the Special Group (Counterinsurgency), March 7, 1962, *Foreign Relations of the United States*, Vietnam, 1961-1963, Volume II, pp.200-206.

[4] Editorial Note, *Foreign Relations of the United States*, Vietnam, 1961-1963, Volume II, p.156.

终签署了《三角洲计划》。①

不过,到1962年6月底,"反叛乱"的资金问题仍然困扰着美国。南越一直要求美国提供现金援助。1962年7月1日,越南特遣部队②提交最后一次报告,决定支持南越的"反叛乱",为其提供经济援助。驻越大使也建议国务院应该专门为南越的"反叛乱"设计一个援助计划。③ 1962年8月7日,肯尼迪发布《国家安全行动备忘录第177号》,大幅增加了对南越的非军事援助,还下令

---

① Memorandum from Michael V. Forrestal of the National Security Council Staff to the President, June 20, 1962, *Foreign Relations of the United States*, Vietnam, 1961-1963, Volume Ⅱ, pp.463-466.
② 越南特遣部队解散后,其后续工作由新成立的东南亚特别工作组下属的越南工作组继续执行。详见 Final Report of the Vietnam Task Force, July 1, 1962, *Foreign Relations of the United States*, Vietnam, 1961-1963, Volume Ⅱ, pp.484-497.
③ Telegram from the Embassy in Vietnam to the Department of State, August 3, 1962, *Foreign Relations of the United States*, Vietnam, 1961-1963, Volume Ⅱ, pp.576-579.

重组国际开发署。①

虽然给了南越非军事援助,但是在1962年8月24日,肯尼迪又批准了"反叛乱"特别小组起草的《美国海外内部防务政策》。该文件详细说明了"反叛乱"的措施,即要同时在城市和乡村进行"反叛乱"②,同时强调南越自己也要承担相应的"反叛乱"支出和责任。

最终,肯尼迪政府通过向南越的警察、准军事部队增加援助的方式扩大了在南越的"反叛乱"战争,制定了同时在城市和农村开展"反叛乱"的政策,纠正了艾森豪威尔时期只重视城市"反叛乱"的路线,同时强调了南越也要承担"反叛乱"责任。

---

① William Rosenau, *US Internal Security Assistance to South Vietnam: Insurgency, Subversion and Public Order*, New York: Routledge, 2005, pp.93-94.
② *United States Overseas Internal Defense Policy*, September 1962, pp. 4-29.

II

第二章

约翰逊政府"反叛乱"政策的发展及"凤凰计划"的出现

20世纪60年代初期是美苏争霸的高峰时期。在连续经历了第二次柏林危机、古巴导弹危机后,美国的霸权受到挑战。不过在这两次危机中,美国的利益均未受损,其战略优势仍很明显。

欧洲是美国全球霸权最主要的支柱,也是美国维持霸权的最基本条件。故从20世纪50年代起,美国的冷战思维一直主导着人们对欧洲一体化的理解,西欧联合变成美国的外交目标之一。[①] 1965年西欧合并欧洲煤钢共同体、欧洲经济共同体和欧洲原子能共同体,成立了欧共体。欧洲一体化极大地支持了美国的外交大战略,联盟的稳固让美国再次有精力把目光转向亚洲。

肯尼迪政府把远东作为战略和权力平衡的关键地区,认为中国是美国在远东地区面临的中心问题,所以打算帮助其他亚洲国家建立足够的防御措施以抵御所有形

[①] A. S. Milward, *The Frontier of National Sovereignty: History and Theory, 1945-1992*, London, 1993, p.1.

式的共产主义扩张。①

第一节　军事、民事"反叛乱"的结合

一、军事"反叛乱"的开始

美国对远东(尤其是越南)的重视导致其与吴庭艳的权力争夺更甚。尤其在"反叛乱"方面,吴庭艳不愿意减

---

① Guidelines for U.S. policy and operations in Southeast Asia. Topics include: U.S.-Chinese relations; defense against Communist expansionism in Southeast Asia; U.S. military and economic assistance; U.S. military presence in Southeast Asia; U.S. efforts to strengthen non-Communist and non-leftist educational institutions in Southeast Asia; encouragement for the flow of private capital to Southeast Asia; recognition of the economic importance of Japan; assistance to nations threatened by guerrilla warfare activity, 1962, CK2349484769, *DDRS*, pp.1-4.

损"南越主权"。① 如1963年5月9日,"反叛乱"特别小组与吴庭艳曾就联合"反叛乱"基金的拟议协议进行讨论。美国认为这份拟议协议显著降低了美国对这些资金的控制;②而吴庭艳认为这份拟议协议是对"南越主权的侵犯"。③ 美国深感操纵不了吴庭艳,所以一直考虑除掉吴庭艳。

1963年6月11日,越南僧人释广德(Thich Quang Duc)在西贡自焚。沸腾的国际舆论给吴庭艳政权带来了更大的压力,可是吴庭艳却敷衍应对国际舆论和国内民众,并未进行改革。之前美国就有换"马"的想法,到

---

① Telegram from the Embassy in Vietnam to the Department of State, April 26, 1963, *Foreign Relations of the United States*, Vietnam, 1961-1963, Volume Ⅲ, pp.254-256.

② Minutes of a Meeting of the Special Group for Counterinsurgency, May 9, 1963, *Foreign Relations of the United States*, Vietnam, 1961-1963, Volume Ⅲ, p.279.

③ Memorandum from the Deputy Director of the Vietnam Working Group (Heavner) to the Assistant Secretary of State for Far Eastern Affairs (Hilsman), May 9, 1963, *Foreign Relations of the United States*, Vietnam, 1961-1963, Volume Ⅲ, pp.280-283.

1963年9月11日,美国已下定决心除掉吴庭艳了。在时任远东事务助理国务卿希尔斯曼(Roger Hilsman)汇报越南近况的一份文件中,有一个小标题就是"除掉吴庭艳"。该文件还表达了这样的观点:如果吴庭艳不答应美国的要求,"他对我们来说就是无用之人,我们不会再支持他"。① 此后,美国多次向吴庭艳表达对其政治行动的不满。终于在1963年11月2日,美国支持军人发动政变推翻了吴庭艳政权。

20天后,即1963年11月22日,肯尼迪遇刺身亡。副总统约翰逊继任总统。4天后,即1963年11月26日,约翰逊签署了关于美国对越南政策的《国家安全行动备忘录第273号》文件。② 该文件提到了准军事部队进

---

① Paper Prepared by the Assistant Secretary of State for Far Eastern Affairs (Hilsman), September 11, 1963, *Foreign Relations of the United States*, Vietnam, 1961-1963, Volume Ⅳ, P.179.
② National Security Action Memorandum No. 273, November 26, 1963, *Foreign Relations of the United States*, Vietnam, 1961-1963, Volume Ⅲ, pp.637-640.

入老挝南部,加速实施战略村计划,提醒南越注意与苗民、柬埔寨的关系等一些关系"反叛乱"实施的因素。[1]上述行为足以看出约翰逊对越南和"反叛乱"的重视。

由于政变,南越政局的连续动荡和随之而来的人事变动对"反叛乱"冲击极大。有证据显示,吴庭艳政权倒台后越南南方民族解放阵线有壮大的趋势[2],共产党游击队在南越的活动威胁到了南越当局的生存。此外,越南共产党在老挝的活动也给南越当局带来了外部威胁。美国担心北越吞并南越,所以和南越再次寻找对付"叛乱"的方法。

中情局、参谋长联席会议和国防部均要求立即采取措施振兴南越的"反叛乱"活动。此时,南越当局是阮庆

---

[1] Memorandum from the Assistant Secretary of State for Far Eastern Affairs (Hilsman) to the Secretary of State, December 5, 1963, *Foreign Relations of the United States*, Vietnam, 1961–1963, Volume Ⅲ, pp.666–679.

[2] Thomas L. Ahern, Jr. *CIA and Rural Pacification in South Vietnam*, Center for the Study of Intelligence, CIA, p.279.

(Nguyen Khanh)执政。1964年5月14日,阮庆接受了提高"反叛乱"计划有效性的行动声明。麦克纳马拉再次强调,美国将完全支持那些促进"反叛乱"有效性的项目所需的财政支出。①

1964年7月25日,阮庆在执政六个月后得出结论,他的政府仅依靠"反叛乱"手段不足以对抗越共。② 同一天,约翰逊在白宫召开了一个高级别会议(这次会议没有会议记录)。会上,时任参联会主席惠勒(Earl G. Wheeler)被要求准备一份军事行动方案清单,以支持南越的"反叛乱"计划。③ 1964年7月27日,参联会同意将在军事上为南越的"反叛乱"取得成功做出贡献,并对南

---

① Notes Prepared by the Secretary of Defense (McNamara), May 14, 1964, *Foreign Relations of the United States*, Vietnam, 1964-1968, Volume Ⅰ, pp.322-327.

② Telegram from the Embassy in Vietnam to the Department of State, July 25, 1964, *Foreign Relations of the United States*, Vietnam, 1964-1968, Volume Ⅰ, pp.563-566.

③ Telegram from the Department of State to the Embassy in Vietnam, July 25, 1964, *Foreign Relations of the United States*, Vietnam, 1964-1968, Volume Ⅰ, p.571.

越边境以外的敌人采取措施。[①] 美国打算把军事行动（主要是空袭）作为振奋南越"反叛乱"活动的"兴奋剂"。

1964年是美国总统选举年，约翰逊没有时间和精力把上述军事"反叛乱"付诸行动，在其顺利当选后，才又开始关注军事"反叛乱"事务。美国不愿面对南越"反叛乱"的失败和自己的失败，更无法承受将这种失败公之于世。1965年3月初，美军对北越开展"滚雷行动"，同时其地面部队在岘港登陆。美国正式介入越战。

在此形势下，参联会更加认为军事形势已变得至关重要，建议将美军及盟军部队部署到南越的作战任务中（包括"反叛乱"作战行动）。1965年4月1日，美国授权陆军部队参与南越的"反叛乱"行动。此前，地面部队一

---

① Memorandum from the Joint Chiefs of Staff to the Secretary of Defense, July 27, 1964, *Foreign Relations of the United States*, Vietnam, 1964-1968, Volume Ⅰ, pp.583-585.

直担任咨询顾问和防御的角色。① 同时,美国加强海军力量以支持海上"反叛乱"活动。② 1965年4月13日,美国又授权空军参与"反叛乱"行动。当天下午1点50分到3点10分,约翰逊在白宫举行午餐会,讨论越南问题。

图2-1 美军在越南的军事行动
(图片来源:https://m.baidu.com/sf_bk/item/越南战争/299960? ms=1&rid=11056344980617811464)

① Memorandum from Director of Central Intelligence McCone to the Deputy Director of Central Intelligence (Carter), April 1, 1965, *Foreign Relations of the United States*, Vietnam, January - June 1965, Volume Ⅱ, pp.512 - 514.
② Telegram from the Embassy in Vietnam to the Department of State, April 17, 1965, *Foreign Relations of the United States*, Vietnam, January - June 1965, Volume Ⅱ, pp.564 - 567.

会议达成的决议之一是立即将第173空降旅部署到边和—头顿（Bien Hoa-Vung Tau）地区执行"反叛乱"任务。①

二、军事、民事"反叛乱"的初步协调

美国向越南增兵的结果是北越恢复游击战。面对北越的游击战，美国在南越的"反叛乱"单位却各自为政。由此出现了一个重要的政治问题，即美国在南越的"反叛乱"单位的地位低于大使级别，甚至连美国驻越大使也抱怨，"很少有机会"与南越或者军方讨论"反叛乱"事务。②这暴露出美、南越以及国务院与军方之间的协调机制存在问题。

其实，上述问题在肯尼迪当政时期就已经存在了。

---

① Editorial Note, *Foreign Relations of the United States*, Vietnam, January – June 1965, Volume Ⅱ, pp.553–554.
② Telegram from the Embassy in Vietnam to the Department of State, July 18, 1965, *Foreign Relations of the United States*, Vietnam, June – December 1965, Volume Ⅲ, p.163.

而约翰逊发起军事"反叛乱"之后,在1965年,军方的"反叛乱"行动就显现出了局限性。不过,美国特派团联络小组(the US Mission Liaison Group)在美、南越合作方面仍然率先取得了一些突破。其工作人员已经开始与乡村建设("反叛乱")委员会阮台雍(Nguyen Tat Ung)部长、总理的工作人员,以及南越当局各部参与"反叛乱"工作的关键技术人员建立了非正式联络,取得了良好的早期进展。但不久阮台雍在空难中死亡①,这让本来预期的丰硕成果夭折了。此后,美国国务院、军方及南越当局对于"反叛乱"事务依旧按照各自的定义实施。

1965年8月,洛奇(Henry Cabot Lodge)再次出任驻越大使,在兰斯代尔(洛奇助理)的陪同下到越南上任。1965年9月30日,时任南越总理阮高祺(Nguyen Cao Ky)任命兰斯代尔为南越"反叛乱"机构的美方联络委员

---

① Telegram from the Embassy in Vietnam to the Department of State, September 18, 1965, *Foreign Relations of the United States*, Vietnam, June – December 1965, Volume Ⅲ, pp.394 – 396.

会主席,还为兰斯代尔一行举行了午餐会。关于振兴"反叛乱"计划,阮高祺与美方人员进行了长达5个小时的广泛的非正式会谈。①

因为阮高祺要求兰斯代尔小组10月2日再次与他会面,所以9月30日上午,美国驻越使馆内部开会。阮高祺的意图是:在某些地区协调美、南越的"反叛乱",而其他的大部分地区不用协调。② 驻越使馆希望就阮高祺的提议作出建设性回应。

10月21日,美国军方确定:南越军队在美军背后负责"反叛乱"行动,美军负责在军事区与越共主力部队战斗。南越赞同这个方案。③ 而"反叛乱"部正处于最后组

---

① Telegram from the Embassy in Vietnam to the Department of State, September 30, 1965, *Foreign Relations of the United States*, Vietnam, June - December 1965, Volume Ⅲ, p.424.

② Telegram from the Embassy in Vietnam to the Department of State, September 30, 1965, *Foreign Relations of the United States*, Vietnam, June - December 1965, Volume Ⅲ, pp.425-427.

③ Paper by the Assistant Secretary of State for Far Eastern Affairs (Bundy), October 23, 1965, *Foreign Relations of the United States*, Vietnam, June - December 1965, Volume Ⅲ, p.486, note 2.

建阶段。自从阮台雍死后,该部大部分文职人员辞职。国家行政学院正在培训"反叛乱"人才,将从中选取优秀者作为地区"反叛乱"助理。① 兰斯代尔只得尝试与南越新的"反叛乱"部长及人员进行不断的紧密接触。显然,此时的民事"反叛乱"计划落后于军事计划。

1966年1月8日至11日,美、南越在越南举行沃伦顿会议(Warrenton Meeting)。沃伦顿会议最初是在1965年12月中旬召开的,目的是召集美国西贡特派团、越南协调委员会和华盛顿的一些官员来审查南越与美国的联合"反叛乱"项目,促进"反叛乱"项目的有效运行。而在1966年初的这次会议上,美国提出设置一名全职负责"反叛乱"项目的美国高级官员,同样在华盛顿也设置

---

① Telegram from the Embassy in Vietnam to the Department of State, November 3, 1965, *Foreign Relations of the United States*, Vietnam, June – December 1965, Volume Ⅲ, p.509.

一个官员处理相应事务,即设置一个高级别联络点。①

1966年1月11日,约翰逊召开会议,强调要重视非军事方面及南越农村的"反叛乱",希望能找一个人负责南越的"反叛乱"项目,并询问兰斯代尔是否合适。国际开发署署长贝尔(David E.Bell)向约翰逊汇报:兰斯代尔与南越方面接触良好,却在美国内部造成了分裂,"这是兰斯代尔的个性造成的。不过总的来说,兰斯代尔的工作值得认可"。② 兰斯代尔显然不是合适人选。

在寻找"反叛乱"负责人的同时,美国军方与国务院关于"反叛乱"的分歧依然存在。太平洋司令部司令夏普(Ulysses S. Grant Sharp)说,"反叛乱"是"漫长而昂贵

---

① Report Prepared by the Deputy Ambassador to Vietnam (Porter) and the Deputy Assistant Secretary of State for Far Eastern Affairs (Unger), January 13, 1966, *Foreign Relations of the United States*, Vietnam, 1964-1968, Volume Ⅳ, pp.58-61.
② Notes of Meeting, January 11, 1966, *Foreign Relations of the United States*, Vietnam, 1964-1968, Volume Ⅳ, p.43.

的,消耗美国和南越的生命和物质资源"。① 驻越大使则持相反观点:因为北越军队进入南越,所以战争的本质改变了,它实际上是一场新的战争。1966年的根本性进展在于军事和"反叛乱"两个方面。② 而1966年2月7日的檀香山会议再次特别强调了"反叛乱"及其他非军事方案的重要性,也就是强调要打好"另一场战争",那么尽快找到合适的"反叛乱"负责人刻不容缓。

1966年2月16日,美国任命波特为"反叛乱"项目负责人,这只是在驻越使馆内部新设立了一个秘书职位。波特本就只是洛奇的得力助手,分身乏术,且级别不够,并不能解决檀香山会议所强调的问题,不能确保所有参

---

① Telegram from the Commander in Chief, Pacific (Sharp) to the Joint Chiefs of Staff, January 12, 1966, *Foreign Relations of the United States*, Vietnam, 1964-1968, Volume Ⅳ, p.52.
② Telegram from the Embassy in Vietnam to the Department of State, January 12, 1966, *Foreign Relations of the United States*, Vietnam, 1964-1968, Volume Ⅳ, pp.53-54.

与"反叛乱"的部门之间进行有效协调。①

1966年3月8日,孔墨提出:希望"反叛乱"负责人拥有完全的操作权,而不是处于助理秘书的级别;建议设置一个总统特别助理直接与总统和腊斯克联系。为了更有说服力,孔墨附上了国安会工作人员切斯特·库珀(Chester Cooper)给约翰逊的备忘录。切斯特·库珀在过去18个月里一直在越南推动南越当局的各项工作,鉴于此项工作经验,他强烈认为:如果想赢得"反叛乱"战争,"仅仅有一个委员会是不够的"。②

1966年3月28日,约翰逊发布《国家安全行动备忘录第343号》文件。文件规定:必须专门设立一个联络点,以指导、协调和监督与越南有关的美国非军事项目。

---

① Paper Prepared by the Assistant Secretary of State for Far Eastern Affairs (Bundy), February 23, 1966, *Foreign Relations of the United States*, Vietnam, 1964–1968, Volume Ⅳ, p.249.
② Memorandum from the President's Acting Special Assistant for National Security Affairs (Komer) to President Johnson, March 8, 1966, *Foreign Relations of the United States*, Vietnam, 1964–1968, Volume Ⅳ, pp.274–275.

并指定孔墨担任约翰逊的特别助理,以负责履行上述职责。孔墨和他的副手伦哈特(William Leonhart)制订和协调计划(包括调动美国军事资源),以确保"反叛乱"项目与军事行动之间的妥善协调。[①] 此后,孔墨成为华盛顿的联络点负责人,负责与在南越参与"反叛乱"事务的美国官员联系。

三、协调机制的形成

在担任约翰逊的特别助理(负责华盛顿与南越的"反叛乱"事务联络)这一职务后,孔墨与洛奇、波特、美军驻越军援司令部总司令威斯特摩兰(William C. Westmoreland)建立了密切的工作关系。孔墨提议:必须密切协调军事"反叛乱"和民事"反叛乱",使二者同步进行。原因很简单,美军虽然可以暂时取得军事行动胜利,但是不

[①] National Security Action Memorandum No. 343, March 28, 1966, *Foreign Relations of the United States*, Vietnam, 1964 – 1968, Volume Ⅳ, pp.302 – 303.

能长久占领一个地区,所以必须协调军事和民事"反叛乱"计划,在南越建立从波特办公室到地区的民事"反叛乱"统一指挥链。

1966年6月23—29日,孔墨第二次访越后,还向约翰逊提交了一份备忘录。孔墨称开始发现"反叛乱""真正的问题"。首先,"反叛乱"行动最大的弱点是没有扩大对农村的控制,进而丧失了军事行动争取来的主动权。其次,执行"反叛乱"任务的部门十分混乱(如警察部队与地方部队功能重叠)。再次,急需实施有效的经济战,从而更有效地控制资源。最后,孔墨向威斯特摩兰强调了要建立麦克纳马拉—孔墨这一单独沟通路径,目的是满足民用部门的需求,节省资金和提高效率。[①] 关于第三点"真正的问题",孔墨先下手为强,已经着手将国际开发署的物资纳入军用物资调度,以确保物资能够顺畅进入

---

① Memorandum from the President's Special Assistant (Komer) to President Johnson, July 1, 1966, *Foreign Relations of the United States*, Vietnam, 1964 - 1968, Volume Ⅳ, pp.474 - 481.

南越。

中情局负责审查孔墨的提案。孔墨提案中的缺陷引起了中情局对孔墨的批评:重要的是孔墨"激进的语气掩盖了其对越战本质的误解",这源于他对"反叛乱"性质的错误定义。其主要错误有两点:一、解决农村"反叛乱"问题的提法过于宽泛。二、过分强调"反叛乱"改善的核心是更好地管理美国—南越资源。① 1966年7月18日,时任中情局局长赫尔姆斯(Richard M. Helms)在肯定"反叛乱"工作重要的同时,委婉地提出反对意见:"过分强调美国一方的行政手段"可能会导致美国在"反叛乱"领域"付出巨大努力"。② 言外之意是不同意孔墨的

---

① Memorandum from George Carver of the Vietnamese Affairs Staff, Central Intelligence Agency, to Director of Central Intelligence Helms, July 7, 1966, *Foreign Relations of the United States*, Vietnam, 1964–1968, Volume IV, p.487.

② Memorandum from Director of Central Intelligence Helms to the President's Special Assistant (Komer), July 18, 1966, *Foreign Relations of the United States*, Vietnam, 1964–1968, Volume IV, pp.505–507.

方案。

8月9日,孔墨向洛奇和波特转达约翰逊的口头信息。约翰逊不满意"反叛乱"进程,希望有更一致的美、南越"反叛乱"战略及管理结构。8月底,波特已经把所有的民事"反叛乱"机构整合起来,与军方组成联合计划小组研究指导方针,与南越定期举行会议和联合实地考察。① 美、南越军事、民事协调开始了初步规划。

1966年9月22日,麦克纳马拉向约翰逊提交备忘录,提出美国各部门的分裂、官僚部门的冲突是"反叛乱"缺乏进展的一个主要原因。最佳解决方案是所有参与"反叛乱"的人员都归驻越美军司令领导,并为驻越美军司令配备一个副手,副手专门负责管理"反叛乱"人员及

---

① Memorandum from William Leonhart of the White House Staff to President Johnson, August 30, 1966, *Foreign Relations of the United States*, Vietnam, 1964-1968, Volume IV, pp.609-610. 波特的民事行动办公室(OCO)首次在民事方面建立了机构间的统一指导,以及从西贡到地区和省份的指挥和通信链,让美国和南越之间的现场协调事务由一名美国官员负责。它提供了一个民事方面的框架,可以更有效地与美国军方合作,进行政治军事协调和更加一体化的规划。

"反叛乱"活动。① 这个建议犹如重磅炸弹,在官僚部门内部引起了激烈争论。

中情局拒绝被纳入军方控制的统一的"反叛乱"体系中,认为这会导致政治目标从属于军事目标,况且波特的现任职位就是协调各部门的"反叛乱"工作,军方不必再多此一举。② 中情局对军方的这个提案不愿意让步,决定用语言策略拖延时间的方式应对。

国务院也质疑军方的提案,还是希望由波特充分有效地履行其职责。③

---

① Draft Memorandum from Secretary of Defense McNamara to President Johnson, September 22, 1966, *Foreign Relations of the United States*, Vietnam, 1964-1968, Volume Ⅳ, p.659.
② Memorandum from the Special Assistant for Vietnamese Affairs, Central Intelligence Agency (Carver) to Director of Central Intelligence Helms, September 28, 1966, *Foreign Relations of the United States*, Vietnam, 1964-1968, Volume Ⅳ, pp.668-672.
③ Action Memorandum from the Deputy Under Secretary of State for Political Affairs (Johnson) to Secretary of State Rusk, October 1, 1966, *Foreign Relations of the United States*, Vietnam, 1964-1968, Volume Ⅳ, pp.680-682.

孔墨同意麦克纳马拉的提案。他在给麦克纳马拉的备忘录中详细阐述了理由：

> 由于我和我的小职员逐渐沉浸在民事方面，我们坚持认为加强"反叛乱"是成功的关键。在过去，民事—军事"反叛乱"一度分裂。未来也不可能加强合作。鉴于美国和南越方面"反叛乱"所需的大部分资源和管理的资产都是军方提供的这一简单事实，我认为没有任何其他选择。坦率地说，波特的协调不足以产生所需的结果，民事统一管理的方案行不通。总而言之，这项工作要由军方完成。①

孔墨主动请缨为威斯特摩兰提供"反叛乱"管理方面的帮助。理由是：驻越美军已达到40万，仅靠洛奇无法

---

① Memorandum from the President's Special Assistant (Komer) to Secretary of Defense McNamara, September 29, 1966, *Foreign Relations of the United States*, Vietnam, 1964 - 1968, Volume Ⅳ, pp. 672 - 677.

做好任务量巨大的协调工作。故孔墨说:"麦克纳马拉、副国务卿卡岑巴赫(Nicholas deB. Katzenbach)和我可以提供很多帮助。"①

约翰逊也很买孔墨的账,希望能在10月8日麦克纳马拉一行去越南之前做出决定。但在1966年10月6日,国际开发署、国务院,以及波特强烈反对麦克纳马拉的提案。约翰逊听取了腊斯克的反驳观点,但未被说服。

1966年10月14日,麦克纳马拉再次提出,适当关注"反叛乱"可以防止永无休止的军事升级,可以促使北越回到谈判桌前。②

参联会同意将"反叛乱"项目转交给驻越美军司令部,同时保留意见:如果出于政治原因,总统强制将"反叛

---

① Memorandum from the President's Special Assistant (Komer) to President Johnson, October 5, 1966, *Foreign Relations of the United States*, Vietnam, 1964-1968, Volume Ⅳ, pp.707-711.
② Memorandum from Secretary of Defense McNamara to President Johnson, October 14, 1966, *Foreign Relations of the United States*, Vietnam, 1964-1968, Volume Ⅳ, pp.727-738.

乱"组织视为民事组织的话,"我们也不反对"。① 参联会的决定是:如果约翰逊不反对的话,同意在驻越司令部设置一名副手,专司"反叛乱"事务。

到1966年10月15日,中情局联合国务院仍不同意麦克纳马拉的提案。约翰逊既不愿意驳回这些部门的建议,又对"反叛乱"的现状不满意,寄希望于在90天内采取行动统一"反叛乱"力量。暗含的意思是:约翰逊害怕在届满时承担"转移责任"的指责,②故要尽可能快速有效地统一"反叛乱"力量。

1966年11月16日,约翰逊给出一个妥协方案。这是一份详细的安排,目的是明确划分波特和驻越司令的

---

① Memorandum from the Joint Chiefs of Staff to Secretary of Defense McNamara, October 14, 1966, *Foreign Relations of the United States*, Vietnam, 1964 – 1968, Volume Ⅳ, p.740.
② Telegram from the Chairman, Joint Chiefs of Staff (Wheeler) to the Commander, Military Assistance Command, Vietnam (Westmoreland), October 17, 1966, *Foreign Relations of the United States*, Vietnam, 1964 – 1968, Volume Ⅳ, pp.756 – 757.

责任,然后让他们各自组织并执行分配的任务。① 洛奇基本同意上述安排,但威斯特摩兰拒绝指派一名助手负责"反叛乱"事务。

1966年12月30日,伦哈特访越。其在给约翰逊的备忘录中称,缺乏详细、有效协调和有针对性的军民"反叛乱"计划的情况"令人震惊",并提出规划建议:最迟在1967年2月1日之前协调民事和军事计划(包含具体和详细的省级目标)。②

1966年年底、1967年年初"反叛乱"行动进程放缓,所以约翰逊政府又加强了地面部队的作用以及对北越的空中轰炸。在美军的军事压力下,越共更多地采取游击战略。美国部队又参与到清除北越游击队的"反叛乱"行

---

① Letter from President Johnson to the Ambassador to Vietnam (Lodge), November 16, 1966, *Foreign Relations of the United States*, Vietnam, 1964-1968, Volume IV, pp.848-849.

② Memorandum from William Leonhart of the White House Staff to President Johnson, December 30, 1966, *Foreign Relations of the United States*, Vietnam, 1964-1968, Volume IV, pp.974-981.

动中。而对于北越的这种战略转变,显然美、南越还没有足够快地转向"反叛乱",以跟上北越的变化,出现了伤亡率增加等问题。

1967年1月1日,泰勒认为,虽然美军的这些行动不可或缺,但他更担心美国地面部队将"反叛乱"作为首要任务而与南越民众近距离接触,这可能会产生新的长期性问题。[①] 故还是要让南越当局承担起责任,要首先确保南越军队在"反叛乱"中的作用。而美军在"反叛乱"中的作用则要有一个明确的政策进行说明。

此时,合并军事和民事"反叛乱"再次被提出来讨论。虽然1966年的讨论因官僚部门之间的斗争而搁浅,但是也奠定了一定的政策和实践基础。那么,寻求跨部门合作,解决官僚部门之间的竞争,协调官僚部门之间的情报成了这次探讨的关键点。

[①] Paper Prepared by the President's Special Consultant (Taylor), January 1, 1967, *Foreign Relations of the United States*, Vietnam, 1964-1968, Volume Ⅴ, pp.1-4.

现实情况是,将美国和南越众多机构的资源整合起来是困难的。不过驻越大使波特领导的民事行动办公室已经重组了美国的民事"反叛乱"资源。可是约翰逊认为,国务院没有能力担负起"反叛乱"的管理责任。①

为了完成这项事务,约翰逊把孔墨派到越南了解情况。从1966年开始到1967年2月,孔墨一共有6次越南之行,待在越南的时长累计将近一年。在1967年2月13日到23日,孔墨又进行了一次越南之行。核心决策层在等孔墨回来,然后再商讨下一步怎么做。②

孔墨回来后持更乐观的态度,并指出了目前面临的问题。南越和美国的一些项目已经开始互相妨碍了,所以目前最大的需求是将多种项目整合到一起,设定优先

---

① Telephone Conversation Between President Johnson and Senator J. William Fulbright, January 20, 1967, *Foreign Relations of the United States*, Vietnam, 1964–1968, Volume Ⅴ, p.55.
② Memorandum from the President's Special Assistant (Rostow) to President Johnson, February 20, 1967, *Foreign Relations of the United States*, Vietnam, 1964–1968, Volume Ⅴ, p.198.

事项。关键是美国在越南要有一个好的管理团队,以更好地协调民事、军事"反叛乱"以及与南越当局进行有效协调。①

1967年3月16日,约翰逊任命孔墨为美国在越南的"反叛乱"负责人,并将其置于驻越美军司令管辖之下。孔墨将在越南负责监督民事、军事方面的"反叛乱"事务。② 对此,孔墨抱以极大的热情,甚至发誓"没人比我更懂如何推进反叛乱"。③

---

① Memorandum from the President's Special Assistant (Komer) to President Johnson, February 28, 1967, *Foreign Relations of the United States*, Vietnam, 1964-1968, Volume Ⅴ, pp.208-210.
② Blowtorch Bob and the Persian Gulf, November 1980, 2360804003, *The Virtual Vietnam Archive*, Texas Tech University.
③ Memorandum from the President's Special Assistant (Komer) to President Johnson, March 25, 1967, *Foreign Relations of the United States*, Vietnam, 1964-1968, Volume Ⅴ, pp.285-287.

第二节 "凤凰计划"的出现：
战争"越南化"的初尝试

一、军事、民事"反叛乱"的融合

1967年3月20—21日，美、南越在关岛召开高层会议。南越总统阮文绍（Nguyen Van Thieu）、总理阮高祺参加。美国参会的有总统约翰逊，威斯特摩兰，即将出任驻越大使的邦克，即将出任驻越副大使的洛克（Eugene Locke），即将赴越上任的孔墨。在3月20日的会议上，约翰逊强调，希望看到"反叛乱"能"蓬勃发展"。美国和南越都需要进行密切的民事和军事协调，这是一项非常重要的"反叛乱"努力。①

为了实现约翰逊的目标，威斯特摩兰和孔墨决定用

---

① Memorandum for the Record, March 20, 1967, *Foreign Relations of the United States*, Vietnam, 1964-1968, Volume V, pp.268-274.

"民事行动与革命发展计划"取代民事行动办公室。在去西贡的飞机上,威斯特摩兰和孔墨商讨了"民事行动与革命发展计划"的细节。他们认为南越从地方到上层的"反叛乱"机构都要由美国领导,并且要求各部门要互补合作,而不是相互竞争。这条原则成为后来"凤凰计划"的重要指导原则。"民事行动与革命发展计划"负责的范围有:"召回计划"、新生活发展计划(The New Life Development Program)、难民项目、心理战、准军事部队和公共安全项目等。[1]

1967年5月9日,约翰逊签署《国家安全行动备忘录第362号》,明确提出把美国在越南的民事和军事责任统一管理的概念。因为所涉及的大部分人员和资源都是军方的,所以由驻越司令部负责这项事务。作为约翰逊的安全事务顾问,孔墨是约翰逊在南越"反叛乱"事务的

---

[1] Ralph William Johnson, "Phoenix/Phung Hoang: A Study of Wartime Intelligence Management", The American University, Ph.D. 1982, pp. 129 - 142.

代理人,受驻越司令领导。民事行动办公室成为驻越司令部的一部分。伦哈特被任命为总统特别助理,接替了孔墨在华盛顿的职务。[①]

5月11日,邦克公布了约翰逊的上述决定。5月31日,孔墨提交了行动方案,为了软化"另一场战争"的形象,他把"反叛乱"项目命名为"民事行动与革命发展计划",得到了威斯特摩兰和邦克的批准。自此,民事和军事项目真正融合。

"民事行动与革命发展计划"修正了以前的不足,产生了一种新结构。在这种结构中,所有人都在一条指挥链下工作。这样美国各驻越机构打破了部门之间的壁垒,军方和非军方互有人员在对方的部门工作。美国军方与中情局、国务院等部门先达成一致,然后再共同与南越当局协商合作,美国开始在南越用统一的声音处理越

[①] National Security Action Memorandum No. 362, May 9, 1967, *Foreign Relations of the United States*, Vietnam, 1964 - 1968, Volume Ⅴ, pp.398 - 399.

南问题。方案还强调了美国的顾问咨询角色,"反叛乱"最终必须由越南人承担主要责任,否则就无法成功。[①]

南越政权内部意见却不统一。阮高祺说,"省长是这个过程中至关重要的因素,应该控制部队"。阮高祺想要替换掉他不满意的人,掌握住权力。阮文绍当然不同意这个提议,认为"反叛乱"应由司法部门负责。[②] 对于南越的腐败和权力斗争阻碍"反叛乱"的状况,美国持明显的反感态度,不断敲打南越。

为了回应美国,1967年8月16日,南越当局对"反叛乱"及武装部队进行重组,省长成为省级"反叛乱"的关键人物,意图改善与地方军队之间的关系;任命专门负责

---

① Telegram from the Embassy in Vietnam to the Department of State, June 28, 1967, *Foreign Relations of the United States*, Vietnam, 1964-1968, Volume Ⅴ, p.557.
② Telegram from the Embassy in Vietnam to the Department of State, July 12, 1967, *Foreign Relations of the United States*, Vietnam, 1964-1968, Volume Ⅴ, pp.594-596.

"反叛乱"的副总理,全面控制有关部委的"反叛乱"活动等。① 阮文绍、威斯特摩兰、孔墨、邦克同意这个改革方案。这解决了以前未解决的问题,明晰了南越军事部门在指挥链中的作用。省长对行动具有控制权,所以省长的地位得到了提升。

从垂直管理系统来看,"民事行动与革命发展计划"帮助各省制订计划。省领导区县,省级顾问监督区县顾问,通常每位省级顾问有8位工作人员(具体规模视具体情况而定)。区县顾问帮助区县领导制订"反叛乱"计划。② 总之,美国顾问的工作是与南越当局合作,提出建议并协调工作。

"民事行动与革命发展计划"协调的部门很广,包括

---

① Telegram from the Embassy in Vietnam to the Department of State, August 16, 1967, *Foreign Relations of the United States*, Vietnam, 1964–1968, Volume Ⅴ, pp.693–694.
② Dale Andrade and Lieutenant Colonel James H. Willbanks, "CORDS/Phoenix: Counterinsurgency Lessons from Vietnam for the Future", *Military Review*, March-April 2006, p.16.

国家警察、特警、"召回计划"、省侦察部队、人民自卫队、卡森侦察兵、民情调查机构、革命开发计划、公民非正规军自卫队、G-2军、民兵等。[①] 这些机构为"凤凰计划"的实施奠定了基础,其中有些为"凤凰计划"的实施提供了人力,有些提供了情报,而有些则起到了辅助作用。

在管理上,孔墨使用了先进的计算机战略村评价系统(Hamlet Evaluation System)对行动进行打分。战略村评价系统是为了评价"反叛乱"进度而设的。由于各种原因,系统评估的结果并不准确。[②] 最重要的一个原因是调查是由美国顾问主导的。另一个问题是系统得出的

[①] Ralph William Johnson, "Phoenix/Phung Hoang: A Study of Wartime Intelligence Management", The American University, Ph. D. 1982, pp. 148-151.

[②] 如战略村评估系统显示,1969年到1970年"民事行动与革命发展计划"在2600个战略村(300万人)中作出了"反叛乱"努力。到1970年代初,93%的南越人民生活在安全村庄中,这一比例比1968年中期增长了20%。

评估结果在官僚部门内部容易引起分歧。[①] 虽然战略村评价系统的分析结果与实际情况严重不符,但是孔墨却十分信任分析结果。

"民事行动与革命发展计划"虽然打破了部门间的壁垒,但这并不意味着官僚部门之间竞争的消失。比如,刚开始实施"民事行动与革命发展计划"时,中情局全力支持此项目,但随着官僚部门的竞争,中情局有了自己的想法。科尔比警告西贡站,"要坚决抵制'反叛乱'行动的军事化"。[②] 意思是,虽然军方在中情局西贡站当顾问,但并不能说明军方可以管理中情局的项目。其实,"民事行动与革命发展计划"改变的只是美国顾问和南越当局沟通的渠道,美越关系的本质并没有发生变化。

[①] Report—A Solution Was at Hand: Phoenix / Phung Hoang and the Attack on the Viet Cong Infrastructure, December 11, 1989, 8850608001, *The Virtual Vietnam Archive*, Texas Tech University.

[②] Thomas L. Ahern, Jr., *CIA and Rural Pacification in South Vietnam*, Center for the Study of Intelligence, CIA, pp.251-252.

二、"情报收集和开发"项目

1967年3月,孔墨有意提升情报在"反叛乱"中的作用,所以提出"中情局不应该静悄悄地单独工作"。[①] 针对现实情况,孔墨提出"情报收集和开发"项目。在孔墨的推动下,驻越军援司令部和中情局合作推出"情报收集和开发"项目,即"凤凰计划"的前身。

1967年5月,孔墨批准了这个项目。因为该项目尚处于早期阶段,所以还没有确定该机构的人员配备要求。只是提出该项目的目的是有选择地瞄准越共干部,而不是像军队行动那样围捕整个可疑村庄。"情报收集和开发"项目与南越的"对应关系"被视为加速该计划的最佳方式。[②]

[①] William Colby and Peter Forbath, *Honorable Men: My Life in the CIA*, New York: Simon and Schuster, 1978, p.267.

[②] Telegram from the Embassy in Vietnam to the Department of State, December 28, 1967, *Foreign Relations of the United States*, Vietnam, 1964–1968, Volume Ⅴ, pp.1129–1130, note 5.

孔墨首先征得威斯特摩兰的同意。因为实施"情报收集和开发"项目意味着军事顾问的安排将发生重大变化,所以孔墨需要得到威斯特摩兰的批准。驻越美军司令部曾在1966年年底加入过一个类似的试点项目(仅限于西贡和嘉定省),所以这次更全面的"情报收集和开发"项目的提案遇到了相当大的阻力。①

孔墨极力说服威斯特摩兰,为此让中情局做了一项专项研究,并亲自修改了研究报告。此外,他还威胁威斯特摩兰:"如果您没有看到,我将主持召集拟议的西贡级'情报收集和开发'项目委员会,审查并提交给有关人员,分阶段实施该计划。"② 实质上,孔墨想要亲自监控一部分项目,所以早就批准了这个报告,只是试试威斯特摩兰

---

① Thomas L. Ahern, Jr. *CIA and Rural Pacification in South Vietnam*, Center for the Study of Intelligence, CIA, pp.287 - 288.
② Memorandum from the Deputy for Civil Operations and Revolutionary Development (Komer) to the Commander, Military Assistance Command, Vietnam (Westmoreland), June 14, 1967, *Foreign Relations of the United States*, Vietnam, 1964 - 1968, Volume Ⅴ, p.506.

是否有异议,并向威斯特摩兰索要更多的人员编制。

驻越美军司令部同意报告中所提问题的重要性,在更详细地研究了增加人员的问题后,最终同意了孔墨的提案,并以文件的方式进行了再次确认:为了协调美国和南越的行动,为了提供新的动力以消灭越共基层组织,为了确保美、南越不同部门执行任务的时候(包括情报收集处理和行动)能具有一致性、连续性和有效性,驻越美军司令部决定实施情报协调项目,简称为ICEX(Infrastructure Intelligence Coordination and Exploitation)。[1]

至于美国驻越大使,孔墨根本没放在眼里,说:"可以通过信函通知邦克大使我们所采取的行动,我不相信我们需要他的正式同意,我相信他不会反对。"[2] 1967年6

---

[1] Military Intelligence: Intelligence Coordination and Exploitation for Attack on V. C. Infrastructure—Short Title: ICEX, July 9, 1967, *Digital National Security Archive* (*DNSA*), Proquest Group, Inc.

[2] Memorandum from the Deputy for Civil Operations and Revolutionary Development (Komer) to the Commander, Military Assistance Command, Vietnam (Westmoreland), June 14, 1967, *Foreign Relations of the United States*, Vietnam, 1964–1968, Volume Ⅴ, p.506.

月18日,孔墨向邦克明确提出"反叛乱"的薄弱环节是不能深入到越共基层,而系统地对付这个问题的方法是实施"情报收集和开发"项目;他同时表示,威斯特摩兰已经同意了这项计划,"如果你也同意",则应立即成立"情报收集和开发"项目委员会,监督并将这个项目付诸实施,然后在各军区、省和地区设立分支机构。①

1967年6月,邦克和威斯特摩兰同意升级对越南南方民族解放阵线基层组织的攻击。1967年7月9日,美国驻越军援司令部发布一项指令(♯381-41),标题是《攻击越南南方民族解放阵线基层组织的情报协调和利用》,打算通过"情报收集和开发"项目建立民事和军事联合行动。同时,南越中央、省和县都被指派了美国人担任该项目顾问。②

中情局给予"情报收集和开发"项目极大的支持。中

---

① Organization for Attack on V.C. Infrastructure, June 18, 1967, Vietnam War Ⅱ, 1969-1975, *Digital National Security Archive* (*DNSA*), Proquest Group, Inc.

② Phoenix Program, pp.2-3, CK2349427295, *DDRS*.

情局西贡站把自己的行动中心和情报协调中心合并,组建新的"情报收集和开发"项目。到7月份,中情局已经把中情局的区域官员作为"情报收集和开发"项目的协调员任命为军团高级顾问,把中情局或驻越司令部的工作人员任命为地区顾问,以实现统一指挥。中情局越南事务特别助理卡佛(George Carver)也于7月份访越,他进一步指出:"对共产党目标的普遍攻击必须要低于村庄级别,应下到战略村和人口密集地区。"① 中情局为了完善该项目,把工作人员亚当斯(Samuel Adams)继续留在西贡,与该项目官员详细讨论整个计划。

从"情报收集和开发"项目的决策过程来看,它是孔墨、威斯特摩兰和邦克一致决策的结果,体现的是国家安全委员会、军方及国务院的中层官员的决策过程。事前,孔墨只是含糊地向约翰逊汇报情报对"反叛乱"有重要作

---

① Memorandum from the Special Assistant for Vietnamese Affairs, Central Intelligence Agency (Carver) to Secretary of Defense McNamara, July 26, 1967, *Foreign Relations of the United States*, Vietnam, 1964-1968, Volume Ⅴ, pp.643-646.

用,他并没有明确向约翰逊提到"情报收集和开发"项目,所以约翰逊肯定没有参与决策。孔墨之所以避免直接向约翰逊汇报,主要是因为害怕引起官僚部门之间的竞争。用他自己的话说:"您应该知道我不愿意直接给您写信的原因。麦克纳马拉等人对这件事非常敏感,况且我觉得通过实际行动为您服务比向您直接汇报更好。"①

而负责与孔墨联系的伦哈特也是事后才知道,还是从担任总统军事事务助理的华纳(Volney Warner)处听说的这个项目。1967年7月27日,华纳给伦哈特发去备忘录。备忘录附有一份驻越军援司令部对"情报收集和开发"项目的指令,并告知伦哈特"情报收集和开发"项

---

① Robert Komer prepares an assessment for President Johnson on what the U.S. can do to "accelerate" the war. Komer believes that from what he has seen in the last five months the U.S. is forging ahead in Vietnam, Oct. 4, 1967, CK2349104169, *DDRS*.

目非常有趣且具有积极意义。[1]

由此,"情报收集和开发"项目被纳入孔墨的操控之下。此项目由中层官员负责发起、决策和管理的传统甚至延续到了尼克松时期,这通过白宫会议可以得到佐证。11月8日,伦哈特给罗斯托的备忘录中记录:11月9日要召开一次高级别会议,主要讨论"情报收集和开发"项目的要求和如何实施。[2] 这次会议是在项目发起半年后才召开的,甚至连会议记录都没有留下来。

美国在创建"情报收集和开发"项目的同时,也鼓励南越当局建立自己的人员体系。1967年12月20日,南越总理发布行政命令启动这个项目,该项目的代号为"凤

---

[1] Military Intelligence: Intelligence Coordination and Exploitation for Attack on V.C. Infrastructure—Short Title: ICEX [Attached to Cover Memorandum Dated July 27, 1967; Includes Organization Chart and Document Entitled "Guide for Working with the New Village Government"], July 9, 1967, pp.1 - 18, Vietnam War Ⅱ, 1969 - 1975, *Digital National Security Archive* (DNSA), Proquest Group, Inc.

[2] Notes of Meeting, November 21, 1967, *Foreign Relations of the United States*, Vietnam, 1964 - 1968, Volume Ⅴ, P.1052.

凰"。与此同时,美国把"情报收集和开发"项目改为"凤凰计划"。① 美国的"凤凰计划"是为了给南越的"凤凰计划"提供咨询和帮助。

南越发布"凤凰计划"政令代表着南越当局对孔墨实施的"反叛乱"项目的认同。而孔墨则认为美方要认可南越所选取的"凤凰"这个词,以强调这是南越当局主导的项目。② 正如国会记录显示的那样,如众多美国发起的项目一样,"凤凰计划"早在1967年12月就开始"越南化"了。③

三、"凤凰计划"机构设置的决策

在越南文化中,凤凰是传说中的鸟,是权力的象征。

---

① Phoenix Program, pp.2-3, CK2349427295, *DDRS*.
② Anti-Infrastructure Operations; From Robert Komer, December 20, 1967, pp.1-2.Vietnam War Ⅱ, 1969-1975, *Digital National Security Archive* (*DNSA*), Proquest Group, Inc.
③ Pages from the Congressional Record (Senate), October 11, 1972: Aid to Thieu, October 11, 1972, 0440326013, *The Virtual Vietnam Archive*, Texas Tech University.

为了准确打击越南南方民族解放阵线组织,"凤凰计划"被提出。"凤凰计划"实施的目的是找出农村中的越南南方民族解放阵线组织人员,然后逮捕他们以得到更多的情报,使越南南方民族解放阵线基层组织"无效化",让南越乡村更"安全"。"无效化"的具体含义是逮捕、劝降或者杀死越南南方民族解放阵线成员。[①]

在"情报收集和开发"项目改为"凤凰计划"的最初阶段,伦哈特与孔墨通过信件往来谈论"凤凰计划"的地位。伦哈特称已经批准了驻越军援司令部要求设置114名"情报收集和开发"项目顾问的申请,拘留设施的资金要等待驻越军援司令部的申请。[②] 此外,伦哈特还通报了国防部、国务院为"凤凰计划"批准的人员进行配置及到

---

① Testimony of Maj. James F. Arthur, District Senior Adviser, Binh Chanh District, Gia Dinh Province, South Vietnam, March 01, 1970, 2131507014, *The Virtual Vietnam Archive*, Texas Tech University.

② Status of ICEX/SIDE Programs [For Robert Komer from William Leonhart], January 10, 1968, Vietnam War Ⅱ, 1969 – 1975, *Digital National Security Archive*（DNSA）, Proquest Group, Inc. 在文件中,"情报收集和开发"项目和"凤凰计划"的名称还在同时使用。

图 2-2 《"凤凰计划"顾问手册》的封面

(图片来源:https://vva.vietnam.ttu.edu/search? utf8=!! &op%5B%5D = AND&q%5B%5D = 1370406001 + &field%5B%5D = &commit=Search&from_year%5B%5D=&to_year%5B%5D=)

位情况。

九天后,孔墨回复了伦哈特,主要提到了"凤凰计划"的执行机构——联合培训部(JTD)的人员设置和安排问题。1968年1月13日,"凤凰计划"联合培训部向太平洋司令部申请再配备103名军事顾问。孔墨预计,因为这是在军方内部调剂职位,不增加名额,故应该会得到批准。民事顾问只需要再增加2个速记打字员。"我们会自己在联合培训部内调剂以容纳9名军事顾问和11名民事顾问。"①

军方在人员设置上有其自主性和独特的体系,其参与"凤凰计划"的相关部门比较复杂。驻越军援司令部有直接要求配备"凤凰计划"顾问的权力。国防部在批准"民事行动与革命发展计划"时也有安排"凤凰计划"顾问的权力。此外,上文已提到太平洋司令部也有向"凤凰计划"联合培训部输送顾问的义务。在伦哈特与孔墨的往来文件中显示:国防部正在批准驻越军援司令部的"民事行动与革命发展计划"项目的人员设置。这些人员中包括12名"凤凰计划"顾问,因此军方共有126名"凤凰计

---

① Status of ICEX/SIDE Programs [For William Leonhart from Robert Komer], January 19, 1968, Vietnam War Ⅱ, 1969 - 1975, *Digital National Security Archive* (*DNSA*), Proquest Group, Inc.

划"顾问。①

"凤凰计划"的民事顾问来源至少包括国际开发总署和中情局两部分。伦哈特在与孔墨的信件中也透露了"凤凰计划"民事顾问的安排情况:"国际开发总署已经批准了你要求的6个民事顾问名额,2名已经到位,其余4名60天内到位。"② 此外,中情局局长赫尔姆斯给国家安全事务助理罗斯托的备忘录中显示,1968年年初邦克、威斯特摩兰和孔墨都同意了让科尔比参与南越的"反叛乱"工作。③ 这是"凤凰计划"创立时期在决策过程中体现的美国对"凤凰计划"民事方面的人员安排。

在"民事行动与革命发展计划"的众多项目中,"凤凰

---

① Status of ICEX/SIDE Programs [For Robert Komer from William Leonhart], January 10, 1968, Vietnam War Ⅱ, 1969 – 1975, *Digital National Security Archive* (*DNSA*), Proquest Group, Inc.

② Status of ICEX/SIDE Programs [For Robert Komer from William Leonhart], January 10, 1968, Vietnam War Ⅱ, 1969 – 1975, *Digital National Security Archive* (*DNSA*), Proquest Group, Inc.

③ Memorandum for Mr. Walt Rostow, Jan. 22, 1968, CK2349141559, *DDRS*.

计划"最引人注目。"凤凰计划"顾问的工资当然应由"民事行动与革命发展计划"支付。"凤凰计划"的资金来源有美国国际开发署、国防部和中情局。① 此外,驻越大使助理办公室(OSA)在1969年7月1日之前向"凤凰计划"提供了三分之一的资金支持。②

由上观之,"凤凰计划"的顾问人员来自美国各相关部门,而"凤凰计划"执行机构的具体安排是由孔墨负责的。但关于"凤凰计划"人员的设置,孔墨需要跟伦哈特互通信息。对此,伦哈特解释说,他们的理解是基于目前华盛顿对"凤凰计划"及其相关项目的支持。③

孔墨还极力邀请美国记者报道"凤凰计划",指望通

---

① Operation Phoenix and the Failure of Pacification in South Vietnam, November 1973, 2122905004, *The Virtual Vietnam Archive*, Texas Tech University.

② Phoenix 1969 End of Year Report, February 28, 1970, p.13, Vietnam War Ⅱ, 1969 - 1975, *Digital National Security Archive* (*DNSA*), Proquest Group, Inc.

③ Status of ICEX/SIDE Programs [For Robert Komer from William Leonhart], January 10, 1968, Vietnam War Ⅱ, 1969 - 1975, *Digital National Security Archive* (*DNSA*), Proquest Group, Inc.

过媒体的报道得到美国国内对"反叛乱"的支持。但其实记者对于美国在南越"反叛乱"活动的报道却充满争议。

部分争议是关于孔墨的,说孔墨公开推销"反叛乱"及"凤凰计划",以及"过于乐观"。部分则认为"反叛乱"比过去那种不稳定的、广为宣传的努力更有效。[1]

而更多的是在"凤凰计划"实施后,各大报刊对孔墨和"凤凰计划"的暗杀行为进行了报道,这引起了舆论的轩然大波。如越战记者菲茨杰拉德(Fitzgerald)曾报道,"凤凰计划"是南越当局及美国军队逮捕、折磨、杀害越南人民的"许可证"。[2]《新闻周刊》驻西贡的负责人报道,

---

[1] Peter Braestrup, *Big Story: How the American Press and Television Reported and Interpreted the Crisis of Tet 1968 in Vietnam and Washington*, Garden City, New York: Anchor Press/Doubleday, 1978, p.404.

[2] Report—A Solution Was At Hand: Phoenix / Phung Hoang and the Attack on the Viet Cong Infrastructure, p.87, December 11, 1989, 8850608001, *The Virtual Vietnam Archive*, Texas Tech University.

"凤凰计划"常常暗杀支持越南南方民族解放阵线的普通民众。① 媒体的报道并没有如孔墨所期待的那样朝着对其有利的方向发展。

对于媒体对"凤凰计划"的批评态度和负面报道,科尔比辩解道,美国记者的职责就是报道负面的、有问题的事情,而不是报道正确的事情。②

除了要协调美方内部人员以外,孔墨还需要跟南越内政部沟通。美方人员的主要任务是与指定的南越相应人员建立和保持密切联系。③ 比如,南越"凤凰计划"的组织管理模式就是孔墨谋划后再向南越当局建议,得到南越当局认可后再执行。1967年12月,美国驻越大使邦克发给国务院的电报证实了这个事实:"我从孔墨处得

---

① George Kahin In End Of Vietnam War: 8/75, p.12, August 01, 1975, 2123301014, *The Virtual Vietnam Archive*, Texas Tech University.
② Report—A Solution Was At Hand: Phoenix / Phung Hoang and the Attack on the Viet Cong Infrastructure, p.92, 11 December 1989, 8850608001, *The Virtual Vietnam Archive*, Texas Tech University.
③ Phoenix Program, pp.3-4, CK2349427295, *DDRS*.

到消息",他建议由南越内政部长领导"凤凰计划"国家委员会,省级委员会由省长领导,区县级委员会由区县长领导。上述安排是基于南越独特的行政体系。由地方政府最高官员负责可以避免在执行"反叛乱"行动时南越陆军和南越警察之间的矛盾。[①] 南越基本上按照孔墨的设想,让内政部主管"凤凰计划",并成立了各级"凤凰计划"委员会。此外,美国还协助南越在全国范围内建立了"凤凰中心"。

"凤凰计划"的主要执行者是警察、民兵、临时侦察部队和军队等。国家警察、特警是消灭越南南方民族解放阵线基层组织的主要力量。在农村地区,民兵是"反叛

[①] Anti-Infrastructure Operations; From Robert Komer, December 20, 1967, pp.1-2.Vietnam War Ⅱ, 1969-1975, *Digital National Security Archive* (*DNSA*), Proquest Group, Inc.

乱"的重要力量。其中,临时侦察部队①是执行单位中比较特殊的,在第三战区对黎文钢(Le Van Ngot)上校的抓捕就是临时侦察部队有效利用"凤凰计划"情报实施的一次行动。② 临时侦察部队在行动时通常会当场杀害嫌疑人,根本不会将其带到审讯中心。故"凤凰计划"的暗杀

---

① Memorandum for the 303 Committee, December 11, 1969, *Foreign Relations of the United States*, Vietnam, 1969 - 1976, Volume Ⅵ, pp.510 - 514.
  临时侦察部队(PRU)原是《国家安全行动备忘录第328号》中的一个项目,最初的名字是"反恐小组项目"(Counter-Terror Team Program)。1966年年初对其职责进行了一次大的改革,从最初对越南南方民族解放阵线的骚扰转变为收集情报和逮捕越南南方民族解放阵线基层组织中的重要人物。计划到1969财年年底时把这个项目从原有的3500人扩充到6000人。1968年和1969年两年,这个项目花费1320万美元。临时侦察部队项目是在南越针对越南南方民族解放阵线的最新形式的准军事行动,使用伏击、伪装、夜间作业等隐蔽行动的手段执行任务。鉴于管理中的弊端和实施中的问题,1966年改名为临时侦察部队,主要任务是通过逮捕农村中重要的越南南方民族解放阵线成员以获取情报。鉴于这个项目效果显著,因此美方建议扩大这个项目。助理国务卿邦迪、驻越大使邦克、威斯特摩兰都同意这个计划,南越也很配合。
② Paper Prepared in the Central Intelligence Agency, *Foreign Relations of the United States*, Vietnam, 1964 - 1968, Volume Ⅵ, pp.851 - 854.

名声很大程度上是由临时侦察部队造成的。①

第三节 "凤凰计划"的情报基础："召回计划"

一、由来及其发展过程中的决策

"凤凰计划"能够顺利实施,还得益于"召回计划"。"召回计划"由吴庭艳政府发起,旨在争取更多的北越军人和干部叛逃到南越,打击北越士气。"召回计划"带有明显的心理战性质,为叛逃者提供良好的居住条件,提供职业培训,提供就业机会,提供与家人团聚的机会,提供南越公民身份;同时也为叛逃者的家人提供经济援助。"召回计划"的徽章标志是一只白色大鸟正在飞越一团火

---

① Plaintiff's proffer of evidence/Certificate of Service, p.4, 1540236003, *The Virtual Vietnam Archive*, Texas Tech University.

焰,其寓意是被越南共产党控制的人民历经艰辛后"回归"南越政权。

图 2-3 "召回计划"徽章
(图片来源:http://www.psywarrior.com/ChieuHoiProgram.html)

在"召回计划"的筹备阶段,美国方面的负责机构是农村事务办公室(Rural Affairs Office)。美方向时任南越国防部部长阮庭淳(Nguyen Dinh Thuan)建议：把退役陆军上校博安农(Bohannon)从菲律宾调来，协助南越当局启动"召回计划"。这得到了吴庭艳和阮庭淳的同意。1962年11月底，博安农到达西贡。1963年，他调来一批菲律宾顾问帮助南越实施"召回计划"。美国的国际开发署、联合公共事务局、驻越军援司令部和中情局也负有实施"召回计划"的责任。①

1963年2月参议员曼斯菲尔德(Mike Mansfield)在访问东南亚后，提交了一份《曼斯菲尔德报告》。报告强调，南越需要政治改革，要依靠越南人自己赢得战争的胜利。1963年2月25日，驻越大使馆与南越当局讨论了这份报告，南越反应强烈。吴庭艳非常沮丧，吴庭艳的兄弟、主管战略村事务的吴庭儒(Ngo Dinh Nhu)甚至认为这是美国退出的前奏。② 美国驻越大使馆工作人员梅克

---

① Herbert A. Friedman, "The Chieu Hoi Program of Vietnam", http://www.psywarrior.com/ChieuHoiProgram.html.
② Editorial Note, *Foreign Relations of the United States*, Vietnam, 1961–1963, Volume Ⅲ, p.124.

林（John Mecklin）在报告发布后的第二天早晨碰巧与吴庭儒会面,讨论"召回计划"实施事宜。吴庭儒的主要观点是:《曼斯菲尔德报告》会阻碍"召回计划"的实施,美国的支持力度下降会减少北越人员的叛逃行为。[1] 不过美国并没有减少对南越的资金支持,反而在1963年3月与南越签署了新的资助协议[2],使南越的"反叛乱"资金得到保障。

1963年4月17日,吴庭艳发布"召回宣言"[3],"召回计划"正式实施。按照这个项目的最初设计,美国的任

---

[1] Memorandum From the Counselor and Public Affairs Officer of the Embassy in Vietnam (Mecklin) to the Public Affairs Adviser in the Bureau of Far Eastern Affairs (Manell), March 15, 1963, *Foreign Relations of the United States*, Vietnam, 1961-1963, Volume Ⅲ, p.153.

[2] Letter From the Ambassador in Vietnam (Nolting) to Secretary of State at the Presidency and Assistant Secretary of State for National Defense Thuan, March 18, 1963, *Foreign Relations of the United States*, Vietnam, 1961-1963, Volume Ⅲ, p.156.

[3] Telegram From the Embassy in Vietnam to the Department of State, January 11, 1963, *Foreign Relations of the United States*, Vietnam, 1961-1963, Volume Ⅲ, p.18.

务是协助南越当局培训人员,提供资金和物资,建立"召回中心"①。其中,最主要的是向南越提供设备和资金支持。美国也为改善"召回计划""回归者"的待遇和医疗条件做过努力。比如,在 1963 年 5 月 6 日的檀香山会议上,美军驻越司令哈金斯(Paul D. Harkins)提出为"召回计划"提供扬声器。在南越列好其他所需物资清单后,美国国防部继续批准援助。②

1963 年 11 月 2 日,南越发生政变。吴庭艳政权的倒台对"召回计划"的实施产生了一些影响。11 月 8 日,国务院下属情报研究局对南越军事形势进行评估,指出:"召回者已从每月 3200 人减少到每月约 1600 人,这是军

---

① Herbert A. Friedman, *The Chieu Hoi Program of Vietnam*. http://www.psywarrior.com/ChieuHoiProgram.html.
② Memorandum for the Record of the Secretary of Defense Conference, May 6, 1963, *Foreign Relations of the United States*, Vietnam, 1961-1963, Volume Ⅲ, pp.265-267.

事倒退的证据。"[1] 美国驻越大使提出加强"召回计划",但此时的阮庆政权对"召回计划"没有太多的期望,认为"该项目不能触及共产党的核心,显然只能获得有限的结果。不过既然在场的所有人都同意,那就保留"。[2] 由于南越政权更迭不断,整个1964年的"召回计划"呈现颓势。

1965年随着大量美军的到来,美国开始控制"召回计划"。1965年中期,美国国务院主张向所有停止战斗的越共党员提供大赦。这项提议被认为是"召回计划"的扩展,面向的是南方的越共成员而不是北方的指挥官。[3]

---

[1] Memorandum from the Director of the Bureau of Intelligence and Research (Hilsman) to the Secretary of State, November 8, 1963, *Foreign Relations of the United States*, Vietnam, 1961–1963, Volume Ⅲ, p.585.

[2] Telegram from the Embassy in Vietnam to the Department of State, January 10, 1964, *Foreign Relations of the United States*, Vietnam, 1964–1968, Volume Ⅰ, pp.20–21.

[3] Paper Prepared by the Under Secretary of State (Ball), May 13, 1965, *Foreign Relations of the United States*, Vietnam, January–June 1965, Volume Ⅱ, p.657.

但南越阮文绍新政权并不买账,为此还与美国有一番争夺。

1965年6月29日,阮高祺将"召回计划"暂时置于心理战部之下。① 这意味着单独的"召回计划"部被取消了,"召回计划"的行政级别降低了。时任驻越大使泰勒担心这会影响"召回计划"的地位,因此劝说阮高祺,"重要的是要迅速采取行动,抵消任何关于'召回计划'失去其部级地位的印象"。②

麦克纳马拉对于南越当局取消"召回计划"部很是吃惊。麦克纳马拉询问"是否有与'召回计划'相媲美的计划"。阮文绍回答说:"'召回计划'还在继续,但让它附属于心理战部更合适。"阮高祺则更直白地说:"'召回计划'

---

① Telegram from the Embassy in Vietnam to the Department of State, June 29, 1965, *Foreign Relations of the United States*, Vietnam, June – December 1965, Volume Ⅲ, p.72.
② Letter from the Ambassador to Vietnam (Taylor) to Prime Minister Ky, July 1, 1965, *Foreign Relations of the United States*, Vietnam, June – December 1965, Volume Ⅲ, p.96.

应该重新受南越当局控制,这是更为重要的事情。"①

驻越大使跟阮高祺进行了交谈,阮高祺表示他将在公开演讲中具体宣传"召回计划"。② 但是美国驻越大使并不相信阮高祺:"鉴于他辞藻华丽的倾向,我不会相信他公开说的话。"③

虽然1965年美、南越对"召回计划"的归属问题有争议,但是1965年美军对北越持续的军事行动使召回率上升。其中,空袭和炮击发挥了重要作用。越共叛逃者在11月份前往召回难民营的人数为1482人,达到了有史

---

① Memorandum of Conversation, July 16, 1965, *Foreign Relations of the United States*, Vietnam, June – December 1965, Volume Ⅲ, p.161.
② Telegram from the Embassy in Vietnam to the Department of State, July 27, 1965, *Foreign Relations of the United States*, Vietnam, June – December 1965, Volume Ⅲ, p.259.
③ Telegram from the Embassy in Vietnam to the Department of State, August 17, 1965, *Foreign Relations of the United States*, Vietnam, June – December 1965, Volume Ⅲ, p.333.

以来的最高峰①,故南越当局希望美国不要停止轰炸。阮高祺告诉洛奇,"轰炸一暂停,召回率就降低。轰炸一恢复,就有更多的人从北越进入召回中心"。② 但越共其实已经将召回中心当作"休息营"了。时任驻越大使洛奇对"召回计划"及其运行方式感到厌恶,并说"美国的大量资金被浪费了"。③

1966 年 1 月 8 日至 11 日的沃伦顿会议额外举行了一天会议,专门讨论苗民、"召回计划"等问题。经讨论,美、南越一致认为:目前,"召回计划"最需要有效接收和

---

① Telegram from the Embassy in Vietnam to the Department of State, December 15, 1965, *Foreign Relations of the United States*, Vietnam, June - December 1965, Volume Ⅲ, p.642.
② Telegram from the Embassy in Vietnam to the Department of State, January 5, 1966, *Foreign Relations of the United States*, Vietnam, 1964-1968, Volume Ⅳ, p.15.
③ Memorandum for President Johnson, *Foreign Relations of the United States*, Vietnam, June - December 1965, Volume Ⅲ, p.352.

重新安置"返回者"。[①] 由此可知,"召回计划"有两个明显的弱点:一、召回中心拥挤不堪;二、行政人员短缺妨碍了其有效性。

此后,鉴于"召回计划"的衰落,孔墨开始借用军方机构协助"召回计划"。但最终孔墨的机构间委员会的方法没有奏效。1966年7月1日,孔墨又提议让南越主导"召回计划"。但"召回计划"的成本是军事行动成本的1/100[②],成本低廉,故美国也不想放弃"召回计划"的领导权。为了继续处理召回工作,美国招募了一位首席顾问,让其直接在波特手下工作,以确保这项计划能跟上军事行动的步伐。1966年9月,"召回计划"又被归到驻越

[①] Report Prepared by the Deputy Ambassador to Vietnam (Porter) and the Deputy Assistant Secretary of State for Far Eastern Affairs (Unger), January 13, 1966, *Foreign Relations of the United States*, Vietnam, 1964–1968, Volume Ⅳ, p.62.

[②] Memorandum from the President's Special Assistant (Komer) to President Johnson, July 1, 1966, *Foreign Relations of the United States*, Vietnam, 1964–1968, Volume Ⅳ, p.478.

司令的管理范围①,由"民事行动与革命发展计划"指挥。到1967年,美国完全主导了"召回计划"。南越内政部则在"召回计划"之外另设"反叛乱"资金,以奖励逮捕或者杀害越共干部的人。② 由此可知,美、南越仍然处于不协调的状态。

二、"召回计划"的情报获取及与"凤凰计划"的关系

从政治角度来说,"召回计划"十分重要,其实施过程也贯穿整个越战。据越南特稿新闻社的一篇报道:自1963年以来,"召回计划"诱降了85000多名越南共产党员③,从而获取了许多关于越南南方民族解放阵线的情

---

① Memorandum from the President's Special Assistant (Komer) to Secretary of Defense McNamara, September 29, 1966, *Foreign Relations of the United States*, Vietnam, 1964 – 1968, Volume Ⅳ, pp. 672 – 677.
② Paper Prepared in the Central Intelligence Agency, *Foreign Relations of the United States*, Vietnam, 1964 – 1968, Volume Ⅵ, p.852.
③ Vietnam Feature Service Report, p.10, 1070323005, *The Virtual Vietnam Archive*, Texas Tech University.

报。因此,在1967年12月"凤凰计划"启动后,"召回计划"为"凤凰计划"提供了重要的情报支持,为"凤凰计划"的实施奠定了基础。

"召回计划"的第一个阶段是宣传,通过贴招贴画、发传单、拍照片、贴标语等方式以及电视、广播、报纸等新闻媒体让共产党知道南越的政策。根据美国驻越专家保罗·米勒(Paul Merrell,主要参与"召回计划"的宣传工作)的描述,他们通常让宣传队进行宣传。"我们可以随时从营总部获得叛逃人员的照片和信息。我们由第173空降旅管辖。"宣传队由两个士兵和一个越南翻译组成的三人小组组成,他们散发传单,宣传"召回计划",也经常对特定的敌方单位做重点任务,传递该部队某人被捕或者叛逃的信息。[1]

第二个阶段是越南南方民族解放阵线成员或者北越

---

[1] Herbert A. Friedman, *The Chieu Hoi Program of Vietnam*, http://www.psywarrior.com/ChieuHoiProgram.html.

军人叛逃。叛逃者会被安排进召回中心[①],在召回中心停留60天。首先,召回中心要确认叛逃者的身份,录指纹、照相、填表[②]、体检,制作好叛逃者的档案,按照叛逃者之前的工作进行分类。其次,各个相关部门的工作人员("凤凰计划"项目的工作人员也会及时对该类人员进行审讯以得到有价值的信息)会审问叛逃者,通过一些小伎俩诱使叛逃者说出有价值的情报(诸如敌人位置、武器粮食藏匿地等信息)。再次,召回中心为叛逃者开设课程,进行政治思想教育,并为叛逃者的将来去向做打算。因担心青年人再次被北越征召,所以对青年人的教育不同于老年人和妇女。还因叛逃者多是农民,所以还为愿意学习技术的人提供农业技术培训。

---

① 南越共有52家召回中心。西贡有一个国家召回中心,每个地区有一个召回中心,有44个省召回中心,在头顿、金兰、岘港还有市召回中心。这些召回中心的规模按照回归人数而有所不同。

② Report, Chieu Hoi Division, MACCORDS, Saigon-The Chieu Hoi Program: Questions and Answers, pp. 9 – 12, June 1967, 25590104002, *The Virtual Vietnam Archive*, Texas Tech University.

图 2-4　一个召回中心
（图片来源：http://www.psywarrior.com/ChieuHoiProgram.html）

最后一个阶段，视叛逃者的等级和种类进行工作安排。让叛逃者巡逻、宣传，甚至加入民兵组织。或者，为了便于管理和监控，按照叛逃者意愿将其安排到战略村或者原来的村庄生活，为他们提供房屋、生活用品、食物，以及提供医疗、金融、土地改革等公共服务。① 也有部分叛逃者会被送回他们原来工作的地区，劝说其他人归顺

---

① PLAN FOR PACIFICATION AND DEVELOPMENT [Ⅲ MAF], pp. Ⅴ-5-Ⅷ-7, January 01, 1970, 1201008005, *The Virtual Vietnam Archive*, Texas Tech University.

南越政权,或者抓捕共产党的重要人物,或者帮助美国找到北越的营地。[1] 此外,叛逃者还参与了大量的准军事行动。有1500人参加了在北部的海军陆战队,协助"反叛乱"工作;有些则加入了临时侦察部队,使用恐怖手段对抗越南南方民族解放阵线成员。[2]

叛逃者被要求加入临时侦察部队是"召回计划"与"凤凰计划"最直接的联系。北越叛逃人员带来的详细情报为"凤凰计划"提供了一定的军事情报。"召回计划"的文件有时也会复印了送到"凤凰计划"项目人员手中,这为"凤凰计划"的实施提供了基础。反之,"凤凰计划"又促进了"召回计划"的实施,其对越南南方民族解放阵线的打击,巩固了"召回计划"的成果。到1967年底,"凤凰

---

[1] Report on the War, p.234, January 01, 1968, 2121002004, *The Virtual Vietnam Archive*, Texas Tech University.

[2] Publication from the Vietnam Council on Foreign Relations—The Armed Forces of the Republic of Vietnam, pp.10 - 11, January 01, 1970, 2121506011, *The Virtual Vietnam Archive*, Texas Tech University.

计划"不仅巩固了"召回计划"的成果,还巩固了警察部门、民兵、人口普查项目、自卫队等一些民事组织和项目的成果。①

不过1968年年初春节攻势期间,"召回计划"受到严重挫折,一直到4月份,都不见起色。1968年5月31日,孔墨与南越新总理陈文香(Tran Van Huong)会谈。陈文香重申了他对"召回计划"的重视,并打算重新任命召回部长。② 1968年11月1日到1969年1月31日,南越还呼吁所有的越南民众参与到"召回计划"中来。如果越南民众能成功劝降北越军人或者越南南方民族解放阵线成员,将获得现金奖励。劝降一个军官奖励25万越南盾,劝降一个游击队员奖励3000越南盾。"召回计划"中一个最有名的事件是:1968年1月20日,北越陆军中将

---

① Telegram from the Embassy in Vietnam to the Deparment of State, December 28, 1967, *Foreign Relations of the United States*, Vietnam, 1964 - 1968, Volume Ⅴ, p.1129, note 5.
② Memorandum for Record, May 31, 1968, *Foreign Relations of the United States*, Vietnam, 1964 - 1968, Volume Ⅵ, pp.742 - 743.

吕青敦(La Thanh Tonc)叛逃到溪山海军陆战队基地,供出北越军队的作战计划是夺取861和881S山地。溪山战役开始后,这个情报对海军陆战队的帮助很大。①

不过上述事件更反衬出"召回计划"的不成功,因为只有越南南方民族解放阵线关键人物的叛变才能带来价值比较大的情报。② 而叛逃者多是普通士兵和基层人员,离美国预期的诱降越南共产党高层的愿望相去甚远。没有北越"大人物"的叛变,就不能接触到北越核心成员,也不能为"凤凰计划"带来有太大价值的情报。上述状况主要是由北越对"召回计划"的反击以及南越官员本身的懒政造成的。北越直接破坏召回中心,1968年8月,北

---

① Herbert A. Friedman, *The Chieu Hoi Program of Vietnam*, http://www.psywarrior.com/ChieuHoiProgram.html.
② Telegram from the Department of State to the Embassy in Vietnam, August 7, 1966, *Foreign Relations of the United States*, Vietnam, 1964 – 1968, Volume Ⅳ, p.565.

越 7 次袭击召回中心。① 因为召回中心地方有限,南越官员就进行数据造假,叛逃者的缴械数量与叛逃人数严重不符。例如,1969 年有 47023 名叛逃者,然而缴械数量为 3091 件。1969 年位于菲律宾的美国联合军事援助司令部(the Joint U.S. Military Assistance Command)的情报显示:收缴的一些武器弹药(主要是 AK-47 和美国的 M-14、M-16),已经出现在当地的军火市场上了。② 这还意味着南越官员有贪污武器的嫌疑,或者可能是被捕获的越南南方民族解放阵线成员通过一些途径"获得了新的身份"。③

美、南越在审讯了一些被捕的北越军官后得知,他们对"召回计划"所知并不多。据截获的越南南方民族解放

---

① Telegram from the Embassy in Vietnam to the Department of State, October 19, 1968, *Foreign Relations of the United States*, Vietnam, 1964-1968, Volume Ⅶ, p.259.

② Herbert A. Friedman, *The Chieu Hoi Program of Vietnam*, http://www.psywarrior.com/ChieuHoiProgram.html.

③ Memorandum of Conversation, December 1, 1969, *Foreign Relations of the United States*, Vietnam, 1969-1976, Volume Ⅵ, p.504.

阵线文件：

　　无论干部还是民众，一旦看到美国和南越飞机抛撒的传单就要立刻撕毁。只有一些干部可以阅读传单，然后再向其下属解释传单上的内容。南越许多省长反对实施"召回计划"，因此只是口头应付一下，并没有实际行动。其他南越人则从心理上难以接受"召回计划"，因为他们被要求以好斗的态度对待越南共产党，而对待越南共产党的叛变者却要宽容，从心理上来说比较难做到。南越军队里面也从来没能真正地接受北越叛变者回归南越社会。再者，为叛逃者提供的良好待遇引起了南越其他人的嫉妒。其实叛逃者在召回中心也没有接受心理教育，很多人又回归了北越。召回中心的官员勾结叛逃者骗取奖金。更有甚者，南越官员勾结南越军人或者自己的亲戚扮作共产党，瓜分"召回计划"给叛逃者的奖金。北越也因缺乏资金而派人假装投降，等到在召回中心毕业领取了赏金后又回归北越。①

其实美、南越面临的主要问题是：叛逃到召回中心的回归者再次逃到北越，召回中心成了北越的休息场所。阮文绍就曾表示，40000名回归者中有32000人回到了他们的村庄，但是也不受南越当局的控制。要想留住他们，需要增加南越政权的吸引力。② 这些迹象也说明南越当局甚至没有对叛逃至南越的越共成员形成有效管理，这是在"召回计划"发起之初就埋下的隐患。负责第一阶段宣传的工作人员并不知道其宣传工作所产生的实际效果，在第二阶段对于越南南方民族解放阵线的认定也很难。如何界定叛逃者是越南南方民族解放阵线成员还是难民，是"召回计划"常常碰到的问题。越南南方民

---

① Herbert A. Friedman, *The Chieu Hoi Program of Vietnam*, http://www.psywarrior.com/ChieuHoiProgram.html.
② Telegram from Secretary of State Rusk to the Department of State, December 11, 1966, *Foreign Relations of the United States*, Vietnam, 1964 – 1968, Volume Ⅳ, pp.925 – 928.

族解放阵线成员带着"召回计划"工作人员散发的传单就可以进入召回中心,而其实更现实的原因是饥饿。①

1968年年底,约翰逊即将结束总统任期。孔墨也即将离开越南前往土耳其任大使,他力劝阮文绍宣传"召回计划"。② 尼克松上台后,对"召回计划"表现出了极大的兴趣,希望通过"凤凰计划"和"召回计划"给北越造成困扰。为此,尼克松政府大力赞助南越的广播节目,使其覆盖率达到了南越人口的70%,且使用B-52轰炸机在南越和老挝散发"召回计划"传单。③ 此外,在南越山地少数民族地区也有"召回计划"的实施,其实施方式与其他地区十分不同,很大程度上消耗了美、南越的精力。

---

① Report by the Joint Chiefs of Staff's Special Assistant for Counterinsurgency and Special Activities (Krulak), *Foreign Relations of the United States*, Vietnam, 1961-1963, Volume Ⅲ, pp.455-465.
② Memorandum for the Record, November 5, 1968, *Foreign Relations of the United States*, Vietnam, 1964-1968, Volume Ⅶ, p.569.
③ Memorandum from the President's Assistant for National Security Affairs (Kissinger) to President Nixon, December 9, 1969, *Foreign Relations of the United States*, Vietnam, 1969-1976, Volume Ⅵ, p.509, note 3.

三、"召回计划"在少数民族地区的实施及作用

山地少数民族居住的山地地区战略位置重要,对南越政权的生存以及北越向南越的人员、物资运输来说都极为重要。山地少数民族主要是苗民,还有许多语言风俗各不相同的其他部族,人口稀少,但在越南属于一支独立的力量。因为山地少数民族为南越当局所歧视,所以是北越争取的对象。故美国和南越又想转变对山地少数民族的态度,让山地少数民族协助南越对抗北越。为此,南越在山地少数民族地区实施了公民非正规军防卫队项目(CIDG)和"召回计划"。

中情局于1961年开始在山地少数民族地区开展公民非正规军防卫队项目,招收山民进行培训,旨在让村庄自卫,并守住边境地区,最终达到打击越南共产党的军事力量和获取情报的目的。

即将离任的中情局局长艾伦·杜勒斯(Allen W. Dulles)在1961年10月26日表示支持西贡站关于在中

部高山地区组织村庄进行自卫的建议。美、南越经过调研发现：山地少数民族各部族虽然对美、南越不完全信任，但对越南共产党也存在敌意。故在得到南越政权和山地少数民族的同意后，中情局选择山地少数民族地区邦美蜀附近的一个村庄为试点开展"反叛乱"活动。1961年12月12日，美国特种部队派遣12人到达试点村。15日，开始训练公民非正规军防卫队。他们还通过帮助山民用竹子修建围墙、购买种子、指导山民农业技术、提供医疗援助、发展经济[1]等手段争取山地少数民族的民心。到1962年3月31日，武装起来的几个少数民族村庄已经大幅度削弱了北越的渗透路线。[2] 公民非正规军防卫队项目看似实施效果良好，其实不然，在公民非正规军防

---

[1] Thomas L. Ahern, Jr., *CIA and Rural Pacification in South Vietnam*, Center for the Study of Intelligence, CIA, pp.40-56.

[2] Memorandum from the Director of the Bureau of Intelligence and Research (Hilsman) to the President's Military Representative (Taylor), March 31, 1962, *Foreign Relations of the United States*, Vietnam, 1961-1963, Volume Ⅱ, p.244.

卫队项目实施过程中,美、南越与山地少数民族处处有矛盾。

首先,公民非正规军防卫队项目的协调工作比较难做。美国顾问要培训的人员多种多样,包括苗民、志愿者、突击队等等。因为这些人员的归属不同,所以协调起来比较困难。其次,吴庭艳政府往山地少数民族地区移民和鼓励山地少数民族移出山区的政策造成了民族矛盾。1962年6月,大约有10万山地少数民族民众从山区涌出。[1] 但南越当局财政困难,无力帮助山地少数民族的民众重新定居。北越则获取了不少移出居民留下的食物等资源。最后,南越政府在武器管理方面也不是十分完善。南越当局对山地少数民族手中掌握太多武器存有戒心,因此把迁入新村庄的少数民族民众手中的武器收回,发放给了安全状况不好的地区。

---

[1] Telegram from the Embassy in Vietnam to the Department of State, June 4, 1962, *Foreign Relations of the United States*, Vietnam, 1961-1963, Volume Ⅱ, p.435.

卫队相遇,遭遇失败。①

但这个项目依赖美国的参与,在美国特种部队撤出后,这个项目受到挫折。② 而且南越缺乏对少数民族人民的同情,南越当局不能实际控制住山地少数民族地区。况且南越当局和山地少数民族之间本就存在矛盾,而在实施公民非正规军防卫队项目过程中,矛盾又进一步激化。在山地少数民族寻求自治后,公民非正规军防卫队举行示威,反抗南越政权,甚至威胁到了南越政权的生存。在多乐省和广德省,公民非正规军防卫队甚至还发生"叛乱"。南越政权还要动用南越军队去消灭这些力

---

① Telegram from the Embassy in Vietnam to the Department of State, October 19, 1968, *Foreign Relations of the United States*, Vietnam, 1964 – 1968, Volume Ⅶ, p.256.

② Memorandum from the Chairman of the Central Intelligence Agency's Working Group on Vietnam (Cooper) to the Director of Central Intelligence (McCone), December 6, 1963, *Foreign Relations of the United States*, Vietnam, 1961 – 1963, Volume Ⅲ, pp.680 – 684.

量。[①]南越当局开始想办法削弱公民非正规军防卫队的力量了。

此外,还有北越对公民非正规军防卫队项目的破坏,以及公民非正规军防卫队项目与其他"反叛乱"项目对资金、武器资源的争夺等诸多因素,公民非正规军防卫队项目注定不会成功。不过美国在山地少数民族地区的活动,让其有机会了解当地的风俗民情,这为"召回计划"的实施提供了文化上的准备。

在公民非正规军防卫队项目失败后,"召回计划"启动。"召回计划"在其他地区实施的同时,也在山地少数民族地区实施。在南越山地少数民族地区实施"召回计划"的主要目的是阻止北越从老挝、柬埔寨边境地区向南越输送人员和武器。因山地少数民族地区分布着不同的部族,所以山地少数民族地区"召回计划"的实施方式、工

[①] Message from the Ambassador in Vietnam (Taylor) to the President, September 30, 1964, *Foreign Relations of the United States*, Vietnam, 1964-1968, Volume Ⅰ, p.802.

资支付和培训内容等完全不同于其他地区,有其独特之处。

山地少数民族有独特的宗教信仰,有好几种方言,且其民众受教育程度低。如拉德民族信仰基督教。此外,还有很多风俗禁忌:例如,他们认为猴子尾随的人是做了蠢事的人,建造新房期间不能有乌鸦落上来。[1] 故不仅需要聘请有西方教育背景的宗教人士协助实施"召回计划",而且需要依靠少数民族内部人与人口耳相传的方式传播"召回计划"的政策,甚至"召回计划"工作人员的薪酬中包括烟丝和盐。1969年到1971年,美国陆军特种部队(SOG)、中情局和越南特殊任务组(Special Mission Service)把"召回计划"的归降者再派遣回北越去。这个行动的代号为"地球天使",主要实施地点是柬埔寨和老挝的胡志明小道[2],这是为了对付北越从胡志明小

---

[1] Thomas L. Ahern, Jr., *CIA and Rural Pacification in South Vietnam*, Center for the Study of Intelligence, CIA, p.47.

[2] Herbert A. Friedman, *The Chieu Hoi Program of Vietnam*, http://www.psywarrior.com/ChieuHoiProgram.html.

道的渗透。这是"归降者"在山地少数民族地区"反叛乱"工作中所起到的作用。

在项目实施过程中,非山地少数民族人员与山地少数民族人员接触频繁。非山地少数民族人员干扰了山地少数民族人员的独立生活,加剧了民族矛盾。此外,山地少数民族地区的"反叛乱"活动是独特的,与其他地区的"反叛乱"活动没有联系和协调行动。这又产生了新问题,如曾经属于北越控制区的山地少数民族,回归南越政权后被定性为难民[①],不属于"召回计划"的回归者,也就得不到"召回计划"资金。在美国军事升级和南越政府财政困难的情况下,山地少数民族难以得到有效安置,民族矛盾进一步加剧。

但也正是因为少数民族地区脱离南越政权,其战略位置又十分重要,所以其后约翰逊政府和尼克松政府不

---

① Report, Chieu Hoi Division, MACCORDS, Saigon-The Chieu Hoi Program: Questions and Answers, p. 7, June 1967, 25590104002, *The Virtual Vietnam Archive*, Texas Tech University.

断在这个地区进行空中轰炸。边境地区一度成为约翰逊政府"反叛乱"的重点地区,以阻止北越的渗透,并支持南越的"反叛乱"。

Ⅲ

第三章

约翰逊政府"反叛乱"政策调整及"凤凰计划"的扩大

20世纪60年代中后期,美苏关系进入有限缓和时期。1964年10月,勃列日涅夫成为苏联最高领导人,苏联经济、军事力量发展迅速,与美国达到战略均势。

冷战中,除了苏联制衡美国外,欧洲其实也是制衡美国的一种力量。美国的霸权是有条件的。20世纪60年代中后期,西欧渐渐独立,最轰动的事件是戴高乐时期法国退出北约。另一个事件是1967年英国退出东苏伊士防务。但美国对法国采取宽容态度,迅速重建了没有法国的北约。而英国在防务方面对美国来说更加不重要,因为当时是德国在北约内部提供大部分军队。[1]

综上所述,美国通过制度霸权稳定了欧洲,得以分出精力处理亚洲事务。而此时在亚洲,美国陷入越战泥潭。在中国和苏联的帮助下,北越的武器装备越来越好,越南南方民族解放阵线在南方也得以维持。北越依靠外援也

---

[1] David Sanders, *Losing an Empire*, *Finding a Role*: *An Introduction to British Foreign Policy since 1945*, New York, 1990, p.177.

可以把战争进行下去①,其信心大增。1968年1月,北越发动了溪山战役和春节攻势,正面进攻美、南越军队。

第一节 背景

一、溪山战役及春节攻势的发动

1968年1月22日,北越发动了对溪山的围攻,溪山地区发生了大规模的炮击和地面行动。当天上午8点27分,麦克纳马拉与约翰逊通电话,汇报了溪山战况,预测卡罗尔基地和岘港也有可能被攻击,而且北越还可能

---

① Memorandum from the Board of National Estimates, Central Intelligence Agency, to Director of Central Intelligence Helms, January 18, 1968, *Foreign Relations of the United States*, Vietnam, 1964 - 1968, Volume Ⅵ, pp.44 - 51.

会袭击百里居和西贡。①

1968年1月29日,参谋长联席会议审查了溪山的情况。溪山战略位置重要,位于越、柬、老边境,是北越渗透南越的通道。对北越来说,溪山战役起着牵制美军力量的作用。对美、南越来说,溪山有美国的军事基地,可以阻止北越从此处进攻南越北部地区,如果失守会导致北越更进一步占据主动。从心理学的角度来看,北越可以利用此机会取得宣传战的胜利。② 简而言之,美国认为溪山一旦失守对美、南越来说将是一个巨大的倒退。

鉴于美国早已对溪山防务进行了部署,美国和南越伤亡较轻,美军掌控着溪山的局面,北越则损失700人。③ 趁着北越在军事上的失利,美国决定进一步升级

---

① Notes of Meeting, January 23, 1968, *Foreign Relations of the United States*, 1964 - 1968, Volume Ⅵ, p.57.

② Memorandum from the Joint Chiefs of Staff to President Lyndon Johnson, January 29, 1968, *Foreign Relations of the United States*, Vietnam, 1964 - 1968, Volume Ⅵ, pp.69 - 70.

③ Notes of Meeting, January 30, 1968, *Foreign Relations of the United States*, Vietnam, 1964 - 1968, Volume Ⅵ, pp.79 - 82.

对北越的打击。而北越则意识到可以利用美国的总统大选年作为契机,不再隐藏越南南方民族解放阵线的力量,发动对南越的全面进攻。1968年1月30—31日,北越发起了春节攻势。此前,北越为春节攻势做了精心准备,溪山战役就是对春节攻势的支持。

在春节攻势中,北越对南越人口密集地区和美军驻地发起攻击,旨在对美国进行心理震慑和取得军事上的胜利。春节攻势第一天,北越攻击了10个地方,其中在6个地方是大规模的攻击。[1] 南越许多城镇、机场、通信中心、医院、电台和电厂被毁坏,甚至美国驻南越大使馆也成了北越袭击的对象。

与以往不同的是,北越发动的春节攻势实行的不是游击战术。根据截获的文件和对俘虏的审讯得知:越南共产党坚信他们会得到广泛的支持,会夺取南越的城市,南越人民会跟着发起起义反对南越当局。故越南南方民

---

[1] Notes of Meeting, January 30, 1968, *Foreign Relations of the United States*, Vietnam, 1964-1968, Volume Ⅵ, pp.77-79.

族解放阵线并没有收到撤退的命令。① 北越预计南越民众会在春节攻势后发起起义,但是他们并没有如愿。而且在这次范围广泛的攻势中,越南南方民族解放阵线损失惨重,伤亡 3 万人,被俘 6000 人。② 不过在春节攻势中,越南南方民族解放阵线的宣传战十分有效。南越人心惶惶,认为是美国帮助越南南方民族解放阵线进入的西贡。③

与此同时,北越军队仍往溪山地区集中。1968 年 2 月 7 日,北越的联合装甲及步兵部队在溪山西南 5 英里

---

① Telegram from the Embassy in Vietnam to the Department of State, February 8, 1968, *Foreign Relations of the United States*, Vietnam, 1964 - 1968, Volume Ⅵ, pp.147 - 152; Circular Telegram from the Department of State to All Posts, February 14, 1968, *Foreign Relations of the United States*, Vietnam, 1964 - 1968, Volume Ⅵ, p.212.

② Circular Telegram from the Department of State to All Posts, February 14, 1968, *Foreign Relations of the United States*, Vietnam, 1964 - 1968, Volume Ⅵ, pp.211 - 215.

③ Memorandum from William J. Jorden of the National Security Council Staff to the President's Special Assistant (Rostow), February 3, 1968, *Foreign Relations of the United States*, Vietnam, 1964 - 1968, Volume Ⅵ, pp.111 - 114.

的老村(Lang Vei)发起突袭。在发给威斯特摩兰的 JCS 1529 电报中,惠勒警告威斯特摩兰:北越溪山战役背后的动机是强迫威斯特摩兰将部队派往该地区,从而暴露南越军队,以便在西贡和全国其他地区对南越军队进行攻击。① 美国对北越的战略意图评估非常准确。在接下来的两周内,北越确实未对溪山发动大规模攻击,美军则继续坚守溪山。

1968 年 2 月 15 日,第一轮春节攻势已经逐渐平息。2 月 18—19 日晚间,越南南方民族解放阵线对南越一些城市又发起了第二轮攻势。这次攻势的主要目标是机场和军事基地。此时,美、南越承担"反叛乱"任务的 54 个营中的 18 个被抽调去保护城市的安全。美国认为北越第二轮攻势的目的是阻止南越军队回到农村,故建议南

---

① Telegram from the Commander, Military Assistance Command, Vietnam (Westmoreland) to the Chairman of the Joint Chiefs of Staff (Wheeler) and the Commander in Chief, Pacific (Sharp), February 9, 1968, *Foreign Relations of the United States*, 1964 - 1968, Volume Ⅵ, pp.156 - 157.

越军队尽快返回农村,去清除农村中已暴露的越南南方民族解放阵线基层组织。① 南越当局并没有如北越想象的那样不堪一击,而是在美国的帮助下,仍能控制住南越局势。但"经过了美国和南越的多年努力竟连西贡也还难保,并显示出越共得到了平民的广泛支持,否则它是难以发动这样攻势的,这对于历次所宣称的农村绥靖计划取得成功,实为一大讽刺"。②

鉴于上述状况,北越肯定还会继续军事行动,同时也不会放弃探索政治解决的方案。在1968年春节攻势后,北越军队受到重创,北越在南方的行动又变成以游击战为主的形式。对于南越当局来说,突如其来的春节攻势在南越引起了恐惧。南越人民对春节攻势感到难以置

---

① Telegram from the Embassy in Vietnam to the Department of State, February 22, 1968, *Foreign Relations of the United States*, Vietnam, 1964 – 1968, Volume Ⅵ, pp.234 – 237.

② [美]塞缪尔·埃利奥特·莫里森、亨利·斯蒂尔·康马杰、威廉·爱德华·洛伊希滕堡合著,南开大学历史系美国史研究室译:《美利坚共和国的成长》下卷,天津:天津人民出版社,1980年,第1000—1001页。

信,开始思考为什么南越当局不能保护他们的安全。而且因为美国与越共勾结的流言盛行,所以一些难民和志愿者不愿与南越政权有联系。南越人民本就对美国轰炸造成的破坏不满,所以也愿意相信北越和美国合谋进入南越的说法。政治人物、军官、公务员和从北越迁移来的天主教徒十分担心失去财产。每个家庭都是孤立的,与邻居、社区和政府的联系都很松散。[1] 只要越南南方民族解放阵线在南越农村活动,南越民众就不可能全心全意支持南越政权。相较于北越的军事力量,北越的政治组织更能威胁到南越当局的生存。

综上所述,春节攻势不仅严重打击了南越当局的信心,而且让其"反叛乱"政策及行动暂时中断。而溪山战役与春节攻势的纠缠关系又让美国面临着是否增兵越南的两难选择。

---

[1] Memorandum from the Ambassador's Special Assistant (Lansdale) to the Ambassador to Vietnam (Bunker), February 27, 1968, *Foreign Relations of the United States*, Vietnam, 1964 – 1968, Volume Ⅵ, pp.251 – 260.

二、关于是否增兵越南的大争论

1968年1月初,约翰逊批准暂时停止轰炸。虽然美国停止了轰炸,但是对北越仍然心存疑虑。故提出:如果北越在非军事区有所行动,那么即使在停战期间美国也可以轰炸老挝境内的胡志明小道。[1] 即通过加强实施"反叛乱"行动来弥补停止军事行动带来的损失。这就意味着在春节攻势发生前,"反叛乱"就已经成了军事行动的重要替代品。

春节攻势当天,惠勒提出,像西贡这样的城市是很容易被渗透并受到袭击的,在这个区域需要进行"反叛乱",以清除越南南方民族解放阵线基层组织。腊斯克认为这样会减少军队可使用的人数。[2] 随后两天,中情局提出,

---

[1] Telegram from the President's Special Assistant (Rostow) to President Johnson in Texas, January 4, 1968, *Foreign Relations of the United States*, 1964-1968, Volume Ⅵ, pp.6-10.

[2] Notes of Meeting, January 30, 1968, *Foreign Relations of the United States*, 1964-1968, Volume Ⅵ, pp.79-82.

美国在越南的作用仅仅是帮助越南人,而不是代替越南人打仗,应该让刚刚经过改革的南越军队100%致力于"反叛乱"。① 驻越大使馆也于同一天提出:应主要由南越负责成立一个联合特遣部队,以根除西贡及其他城市的越南南方民族解放阵线基层组织。南越方面由时任总理阮文洛(Nguyen Van Loc)负责,美方由孔墨负责。②

由上观之,美国各部门对继续在南越实施"反叛乱"基本没有意见,而对于由谁去实施及怎样实施存在争议,但是让南越负起主要责任的呼声很高。约翰逊同意并准备减少美国驻海外人员的数量,虽然越南情况特殊,但他仍希望驻越大使和威斯特摩兰能够想办法减少美国驻越

---

① Memorandum Prepared in the Central Intelligence Agency, February 2, 1968, *Foreign Relations of the United States*, 1964 – 1968, Volume Ⅵ, pp.98 – 101.
② Telegram from the Embassy in Vietnam to the Department of State, February 2, 1968, *Foreign Relations of the United States*, Vietnam, 1964 – 1968, Volume Ⅵ, pp.102 – 104.

人员及其他美国资助越南的项目。① 不过鉴于溪山战役的战况,威斯特摩兰却不断要求增兵。约翰逊和他的同僚们就增兵问题展开商讨。美国决策层对接下来的战略及战术产生了分歧,继而展开了持久的大讨论。

为了能够连任,约翰逊表示军队掌控着民意,打算全力支持威斯特摩兰。"如果战情进行顺利,美国人民会支持我们。如果战情糟糕,舆论会反对战争。"② 1968年2月7日,北越在溪山老村发动攻势时,惠勒也建议威斯特摩兰要求增兵,表示可以把第82空降师和一半海军陆战队送到越南。威斯特摩兰2月8日在给惠勒的MAC 1810电报中指出了溪山失守的可能性,正式请求4月份

---

① Letter from President Johnson to the Ambassador to Vietnam (Bunker), February 2, 1968, *Foreign Relations of the United States*, 1964-1968, Volume Ⅵ, p.105.
② Notes of Meeting, February 6, 1968, *Foreign Relations of the United States*, Vietnam, 1964-1968, Volume Ⅵ, pp.135-137.

向越南派遣上述部队。①

约翰逊在多次会议中与麦克纳马拉、高级外交事务顾问等相关人员围绕威斯特摩兰的电报进行商讨。到1968年2月12日,虽仍有分歧,但是最终麦克纳马拉、腊斯克、赫尔姆斯、惠勒、泰勒、罗斯托都同意向越南增兵。这项决定基于以下事实:腊斯克不同意阮文绍要求增加美军的请求,希望阮文绍自己想办法扩充南越军队;麦克纳马拉却认为往南越增派美军是为了避免溪山战局失利;赫尔姆斯据中情局的情报判断,战争处于关键阶段,应该向越南增派军队。②

1968年2月23日,北越猛烈攻击溪山。美国决策层确定要增加军事力量给威斯特摩兰,以防止美国在政

---

① Telegram from the Commander, Military Assistance Command, Vietnam (Westmoreland) to the Chairman of the Joint Chiefs of Staff (Wheeler) and the Commander in Chief, Pacific (Sharp), February 9, 1968, *Foreign Relations of the United States*, 1964 – 1968, Volume Ⅵ, p.153.

② Notes of Meeting, February 12, 1968, *Foreign Relations of the United States*, 1964 – 1968, Volume Ⅵ, pp.188 – 196.

治上陷入困境。

1968年2月,原白宫高级顾问克利福德(Clark Clifford)暂时接替麦克纳马拉出任国防部长,主张对越军事升级。他在出任国防部长的半个月前,在约翰逊的一次午餐会上,建议"继续升级"对北越的战争,对其施加军事压力。①

最终在1968年3月4日的会议上,在综合考虑了南越的安全状况、官员腐败问题,以及美国自身的军费、战略储备和不能减少北约常规军等一系列因素后,美国决定只增派22000人。② 这个增兵数量也是基于不能影响南越军队的现代化改革,以及不能扩大战争,不能使越战"美国化"等前提条件。但上述数字还有回旋余地。1968年3月14日,约翰逊表示希望能满足威斯特摩兰的增兵

---

① Notes of Meeting, February 13, 1968, *Foreign Relations of the United States*, Vietnam, 1964 - 1968, Volume Ⅵ, p.210.
② Notes of Meeting, March 4, 1968, *Foreign Relations of the United States*, Vietnam, 1964 - 1968, Volume Ⅵ, pp.316 - 327.

30000人的要求。①

几天之后,威斯特摩兰对越南局势的看法却发生了改变,开始强调保护人口稠密地区了。② 这意味着美国有放弃溪山的可能,增援溪山的讨论停止了。而在3月底,北越驻守溪山的一个师向南部迁移,剑指顺化和西贡。1968年4月2日,艾布拉姆斯(Creighton Abrams)成为驻越美军司令,他要求放弃溪山。6月20日,约翰逊和克利福德讨论了艾布拉姆斯放弃溪山的请求③,打算关闭溪山基地。1968年7月16日,美军撤离溪山。

春节攻势和溪山战役让南越的"反叛乱"中断了。溪

---

① Memorandum from the Deputy Secretary of Defense (Nitze) to the Chairman of the Joint Chiefs of Staff (Wheeler), March 14, 1968, *Foreign Relations of the United States*, Vietnam, 1964 – 1968, Volume Ⅵ, pp.381 – 383.

② Memorandum from the Assistant Secretary of State for East Asian and Pacific Affairs (Bundy) to Secretary of State Rusk, March 19, 1968, *Foreign Relations of the United States*, 1964 – 1968, Volume Ⅵ, pp.410 – 411.

③ Memorandum for the Record, June 11, 1968, *Foreign Relations of the United States*, Vietnam, 1964 – 1968, Volume Ⅵ, p.784.

山战役服务于北越的总体战略。在此期间,北越从溪山边境地区渗透更多的人员和物资到南越,迫使美、南越感到调整"反叛乱"政策迫在眉睫。

第二节 调整

一、对南越"反叛乱"的调整

北越在春节攻势中并没有取得胜利,反而过早暴露了其在南越的地下组织结构及力量。美、南越看到了机会,打算在南越通过"反叛乱"行动消灭越南南方民族解放阵线。

为了明确越南状况,美国决定先调查研究,再制定对越政策。1968年2月底,惠勒进行了一次越南之行,与威斯特摩兰、艾布拉姆斯、各军区指挥官、邦克、阮文绍等见面开会,了解了南越的军事状况及需求。

南越102个城市受到攻击,550000人被撤离。不包括顺化在内,有66400座房屋被毁,4700人死亡,19500人受伤。阮文绍描述了他现在的困境,他需要在城市的外围保留一些军队以防止北越渗入,同时乡村的"反叛乱"也需要陆军。①

1968年2月28日,约翰逊就惠勒的越南报告开会讨论。会议明确提出南越"反叛乱"处于停滞状态,第一战区北部是"反叛乱"最糟糕的地区。惠勒转述孔墨的话,所有的"反叛乱"项目都不能令人满意。② 第二天邦克也向国务院发回电报,指出敌人会利用农村人口征兵,储备粮食,削弱南越之前的"反叛乱"成果。③

---

① Telegram from the Embassy in Vietnam to the Department of State, February 29, 1968, *Foreign Relations of the United States*, Vietnam, 1964-1968, Volume Ⅵ, pp.282-286.
② Notes of Meeting, February 28, 1968, *Foreign Relations of the United States*, Vietnam, 1964-1968, Volume Ⅵ, pp.267-275.
③ Telegram from the Embassy in Vietnam to the Department of State, February 29, 1968, *Foreign Relations of the United States*, Vietnam, 1964-1968, Volume Ⅵ, pp.282-286.

参联会、国务院、中情局等部门认为春节攻势为美国和南越在农村实施"反叛乱"提供了更加便利的外部条件。因为春节攻势后北越需要向南越输送人力和物资,所以越共的供给线过长,一些基地比较空虚,部队的战斗力肯定不强。[①]故要趁机进一步打击越南南方民族解放阵线,帮助南越重建秩序,让阮文绍成为强有力的总统。

此时,美国国内出现了反战高潮。美国媒体直播的春节攻势场景在美国引起了轩然大波。美国民众由最初支持越战转变为游离、质疑,春节攻势后则发生了根本的变化,正是从 1968 年开始,美国国内反对越南战争的呼声日趋高涨。[②]

1968 年 3 月 5 日,巡回大使洛奇给出具体建议:美国民众不能接受高伤亡率,在南越,通过杀死敌人的军事

---

① Memorandum Prepared in the Central Intelligence Agency, March 1, 1968, *Foreign Relations of the United States*, Vietnam, 1964 - 1968, Volume Ⅵ, pp.287 - 291.
② 王绳祖主编:《国际关系史(1960—1969)》第九卷,北京:世界知识出版社,1995 年,第 238 页。

手段来赢得战争是不现实的,而由警察根除"恐怖分子"这种形式的"反叛乱"项目是比较合适的。美军做南越"反叛乱"项目的后盾。[①] 驻越大使也表示:虽然希望能坚定南越当局的信心,但是不愿意让南越当局逃避责任,不能扩大战争使越战"美国化"。[②] 约翰逊政府开始反思自己的对越政策,不再愿意代替越南人打仗,而更愿意援助南越,增强其军事力量。故美国决定扩大"反叛乱"项目,以从越南的军事行动中脱身。

鉴于美国的上述决定,1968 年 3 月 11 日,阮文绍和阮高祺只得下令让南越军队重回农村地区。随后,南越部队陆续回到农村,不再监管难民营及保卫城市。555 支部队中至少有 321 支已经回到战略村,109 支苗军中

[①] Memorandum from the Ambassador at Large (Lodge) to Secretary of State Rusk, March 5, 1968, *Foreign Relations of the United States*, Vietnam, 1964-1968, Volume Ⅵ, pp.332-335.

[②] Telegram from the Embassy in Vietnam to the Department of State, March 11, 1968, *Foreign Relations of the United States*, Vietnam, 1964-1968, Volume Ⅵ, pp.359-364.

有 93 支也已经到位。南越国防部长高文园（Cao Van Vien）和部队长官催促乡村官员投身于"反叛乱"项目。[①] 而 2 个月前，美国才开始对南越陆军进行改革，让南越陆军承担起军事责任，以让美军从越南脱身。此时，南越军队不得不再次转向"反叛乱"行动。而南越军队里有的军官根本不想再回到农村。

此外，南越经济受到相当大的打击，经济发展处于停滞状态。通信、工业设施遭到破坏。商人对南越安全状况缺乏信心，对未来不确定。除食品、药品和建筑材料等物品外，进口活动处于停滞状态。除了必需品外，消费者似乎不愿意花钱购买任何东西。而一旦安全状况有所改善，因为对商品的需求超过了供应，所以通货膨胀的威胁又会急剧增加。阮文绍和高级官员之间的冲突仍在继续。为了应对上述挑战和维护省区首府、地方政府小镇

[①] Telegram from the Embassy in Vietnam to the Department of State, March 14, 1968, *Foreign Relations of the United States*, Vietnam, 1964－1968, Volume Ⅵ, pp.374－378.

的安全,阮文绍下令重新聚焦"反叛乱"项目。①

约翰逊政府则自 3 月 31 日起,对北越的轰炸实施了单方面的地域限制。北越充分利用此次机会,不断增加渗透速度。② 为了支持南越的"反叛乱"及阻止北越的渗透,美国又对南越周边国家的"反叛乱"政策和行动做出了调整。

二、 对南越周边国家"反叛乱"的调整

美国对南越周边国家"反叛乱"的调整主要指约翰逊政府对老挝空中轰炸的升级。老挝利用非正规部队[比如王宝(Vang Pao)的苗军]、所有可资利用的情报,以及美军在越老边境的空中轰炸来实施"反叛乱"行动。美国

---

① Special National Intelligence Estimate, June 6, 1968, *Foreign Relations of the United States*, Vietnam, 1964-1968, Volume Ⅵ, pp.755-765.
② Memorandum from the President's Special Consultant (Taylor) to President Johnson, May 13, 1968, *Foreign Relations of the United States*, Vietnam, 1964-1968, Volume Ⅵ, pp.661-662.

从1963年就开始对老挝实施空中轰炸("钢虎"行动),但美军在老挝的轰炸是对越南战况的配合,是次要任务。

为了配合春节攻势,1968年1月初,北越在老挝北部活动的强度增加。老挝的气候特点是从11月到4月是旱季,从5月份开始一直到秋季都是雨季。北越利用季节特点在胡志明小道活动,旱季活动比较频繁,雨季渗透活动减少(道路无法使用,卡车会陷入泥淖)。

因老挝是保护泰国和南越安全的缓冲区,美国驻老大使萨利文(William H. Sullivan)担心老挝局势,不希望在1月份就停止对北越的轰炸,而是希望到5月份再停止对北越的轰炸。1月22日,萨利文称,在旱季停止对北越的轰炸,老挝的"叛乱"会增多,进而影响美国与梭发那·富马亲王(Prince Souvanna Phouma)的关系。[①]

一周后,北越发动春节攻势。美国忙于应付南越事务,而老挝梭发那·富马也一直表示不会要求外国进行

---

① Memorandum of Conversation, January 22, 1968, *Foreign Relations of the United States*, 1964–1968, Laos, Volume XXVIII, p.649.

军事干预,不希望将中立的老挝变成战场。① 直到1968年2月23号,美国才顾及老挝。萨利文要求美国重新给予空中支持,以便在他需要打击主要目标时能有足够的空中打击能力。② 为了打击北越经由老挝对南越进行的人员和后勤物资渗透,国务院同意萨利文的请求,决定空中支援老挝的"反叛乱"任务。

老挝和柬埔寨事务办公室主任马丁·赫茨(Martin F. Herz)虽然同意萨利文的要求,但提出不能优先满足老挝的空中支援请求,而是要首先配合越南的战况。马丁·赫茨在给远东事务助理国务卿威廉·邦迪(William

---

① Memorandum from the Executive Secretary of the Department of State (Read) to the President's Special Assistant (Rostow), March 26, 1968, *Foreign Relations of the United States*, 1964 - 1968, Laos, Volume XXVIII, pp.682 - 693.

② Action Memorandum from the Assistant Secretary of State for East Asian and Pacific Affairs (Bundy) to the Deputy Under Secretary of State for Political Affairs (Bohlen), February 23, 1968, *Foreign Relations of the United States*, 1964 - 1968, Laos, Volume XXVIII, pp.652 - 653.

P. Bundy)的备忘录中称,萨利文并没有提出过分要求,所以要给予萨利文支持;但目前来自北越的压力增加,打击北越的机会稍纵即逝,故而在首先满足越南的需求后,再增加对老挝的空中支援。①

美国军方希望把北越渗透的物资和人员消灭在胡志明小道上,所以决定使用各种类型的飞机在老挝实施空中打击,而且要尽可能靠近渗透源进行打击。鉴于老挝的防空环境宽松,军方讨论认为使用螺旋桨飞机轰炸卡车效果会更好②,能够增强空中力量的威慑性。

鉴于老挝的安全关系到美国的政治经济利益以及湄公河地区和泰国的安全,美国决定有限升级对老挝的轰

---

① Memorandum from the Director of the Office of Laos and Cambodia Affairs (Herz) to the Assistant Secretary of State for East Asian and Pacific Affairs (Bundy), February 27, 1968, *Foreign Relations of the United States*, 1964–1968, Laos, Volume XXVIII, pp.654–656.

② Memorandum from the Chairman of the Joint Chiefs of Staff (Wheeler) to Secretary of Defense McNamara, January 2, 1968, *Foreign Relations of the United States*, 1964–1968, Laos, Volume XXVIII, pp.645–647.

炸,但同时又不想增加负担。美国不想单方面行动去拯救弱小的南越政权,于是决定利用东南亚条约组织,让盟国承担一些责任。[1]

北越则在老挝发动攻势,反击美、南越的空袭。老挝境内有一个利马-85号(Lima Site 85)雷达站,这个雷达站用于支持美国在北越和老挝北部的空中作战,也是配合美军在越南作战的一个重要设施。因为美国的轰炸对北越造成了严重的破坏,所以北越想摧毁这个雷达站。此后,北越一直精心准备,如修建道路,对该地发起地面攻击等。[2] 到3月13日,北越已经控制了利马-85号雷达站。

---

[1] Telegram from the Commander, Military Assistance Command, Vietnam (Westmoreland) to the Commander in Chief, Pacific (Sharp), March 3, 1968, *Foreign Relations of the United States*, 1964–1968, Laos, Volume XXVIII, pp.662–663.

[2] Memorandum from the Director of Intelligence and Research (Hughes) to Secretary of State Rusk, February 28, 1968, *Foreign Relations of the United States*, 1964–1968, Laos, Volume XXVIII, pp.658–659.

利马-85号雷达站的失守给王宝和苗军带来了麻烦。王宝只能先撤离,打算等到雨季再进行"反叛乱"活动。而且北越还极有可能攻击36号站点。面对这种情况,王宝请求梭发那和美驻老挝大使对第二军区的一系列目标实施最大程度的空袭(这些目标大部分位于城镇或人口中心,之前美国的轰炸行动是需要避开这些目标的)。梭发那也希望美国能以空袭作为保障,支持王宝。如果王宝从第二军区前沿撤离,万象平原北部和东部的防御力将会显著降低。①

3月15日下午,梭发那开了一个秘密会议,内容是关于扩大对川圹省(Xieng Khouang)、桑怒(Sam Neua)和一些禁区内目标的轰炸。美国怕北越对老挝的领土安全造成威胁,故积极回应这个提议,"如果天气允许,空袭

---

① Telegram from the Embassy in Laos to the Department of State, March 14, 1968, *Foreign Relations of the United States*, 1964 - 1968, Laos, Volume XXVIII, pp.668 - 669.

活动将于下周开始"。① 至此,美国明确了在老挝扩大空中轰炸的具体目标。

美国做出这一决定主要还是基于南越的情况。由于在春节攻势中,南越的"反叛乱"遭遇严重挫折,且进入雨季后,北越在越老边境的渗透活动并没有减少的趋势。北越在老挝的活动不仅大大增加了南越打击越南南方民族解放阵线的难度,而且只要北越控制着老挝东部,美国将难以实现其东南亚目标。故美国在老挝进行有限的军事行动,且不让媒体报道。此外,美国增援直升机用以支持中情局在老挝狭长地带的"反叛乱"活动。②

而北越的关注点是老挝锅柄地区渗透路线的安全问题。因为美国对老挝境内北越渗透路线的轰炸给北越造

---

① Telegram from the Embassy in Laos to the Department of State, March 16, 1968, *Foreign Relations of the United States*, 1964 - 1968, Laos, Volume XXVIII, pp.670 - 671.

② Note from the President's Special Assistant (Rostow) to President Johnson, March 19, 1968, *Foreign Relations of the United States*, 1964 - 1968, Laos, Volume XXVIII, pp.671 - 674.

成了压力,所以北越希望改善锅柄地区的渗透路线,并开拓新的替代路线。如此,北越可以灵活选择路线,同时又能迫使美国在更广泛的地区扩大其拦截力度,分散美国的资源。①

鉴于老挝局势的严重性,美国对老挝政策重新进行评估。美国还是希望通过军事和外交手段威慑北越:(1) 给泰国飞行员提供 T-28 飞机让其对老挝进行空中打击,同时增加美国在老挝的空中力量。(2) 在已有 5 个步兵营和 3 个炮兵营"反叛乱"力量的基础上,在泰国东北部部署更多的作战部队。(3) 美国和南越共同组成的特种部队进入老挝实施燎原计划(the Prairie Fire Program)。如果威慑失败,美国将在锅柄地区扩大燎原计划。(4) 美国与苏联进行了双边讨论,表示如果老挝

---

① Special National Intelligence Estimate, March 21, 1968, *Foreign Relations of the United States*, 1964–1968, Laos, Volume XXVIII, pp. 674–678.

的军事平衡被破坏,美国将不得不在军事上做出反应。①

自1967年12月起,美国驻越军援司令部就已经把燎原计划主导权交给了皇家老挝政府。1968年3月,在燎原计划进入第三阶段后,美方人员直接派特种部队进入老挝。梭发那·富马反对美国地面部队干预老挝事务,认为美国在老挝的行动会被认为是越战升级,担心受到舆论谴责。② 而美国也害怕担负保护老挝的义务。如果美国公开派军队进入老挝,则意味着有保护老挝的义务,故美国不愿把大规模地面部队部署到老挝。派遣特种部队和空中轰炸是美、老都认可的合适方式。1968年5月中旬,梭发那·富马敦促美国加强对老挝的轰炸,认

---

① Memorandum from the Executive Secretary of the Department of State (Read) to the President's Special Assistant (Rostow), March 26, 1968, *Foreign Relations of the United States*, 1964–1968, Laos, Volume XXVIII, pp.682–693.

② Memorandum from the Assistant Secretary of State for East Asian and Pacific Affairs (Bundy) to Secretary of State Rusk, April 23, 1968, *Foreign Relations of the United States*, 1964–1968, Laos, Volume XXVIII, p.700.

为这是迫使北越离开老挝的有效手段。①

与此同时,美国让南越扩大"反叛乱"项目,这是"凤凰计划"得以扩大的原因。

第三节 "凤凰计划"的扩大

一、"凤凰计划"的正式化

在春节攻势之前,南越不曾有效地实施过"凤凰计划"。南越权力斗争导致"反叛乱"没有整体规划和固定周期,执行"反叛乱"任务的单位士气低落,地方上合格的"反叛乱"官员不足。突如其来的春节攻势令美、南越暂时搁浅了"凤凰计划"的实施。春节攻势后,美国看到北

---

① Telegram from the Embassy in Laos to the Department of State, May 16, 1968, *Foreign Relations of the United States*, 1964 - 1968, Laos, Volume XXVIII, p.722.

越在春节攻势中暴露了弱点（北越在南越的地下组织暴露），所以希望南越当局向南越人民宣传解释"召回计划""凤凰计划"等"反叛乱"项目，以缓解春节攻势带来的负面影响。

此时，南越国内秩序十分不稳。美国高层对阮文绍和阮高祺之间的斗争非常关注。1968年3月初，白宫已经开始考虑召回孔墨了，所以让邦克判断是否需要孔墨直接向阮文绍和阮高祺挑明这个问题。[1] 孔墨在与阮文绍的会谈中给他施加了很大压力。因为南越的民事及军事行动都太慢，且领导力不足，所以难以获得美国的进一步帮助，甚至连保住现有资助力度都难。除非南越当局在接下来的几个月里做出显著改变，否则难以说服美国

---

[1] Government of South Vietnam's Performance, March 9, 1968, Vietnam War Ⅱ, 1969-1975, *Digital National Security Archive* (DNSA), Proquest Group, Inc.

政府、国会及媒体。①

南越政府向来依赖美国。在邦克、孔墨与阮文绍讨论了"反叛乱"新的优先事项后,南越政权马上确定加快"反叛乱"进程。② 1968年3月6日,邦克给总统和国务院发去电报,提到优先办理事项中的其中一项是扩大"凤凰计划"。③

1968年3月31日,美国停止了对北越的轰炸。这次的暂停轰炸让部分南越人明白,美国不会无限期承担责任。④ 故南越加紧恢复"反叛乱"工作。仅仅到1968

---

① Cable to Secretary of State Dean Rusk Summarizes Ambassador Komer's meeting with President Thieu, Mar. 18, 1968, CK2349121699, *DDRS*.
② Ambassador Bunker's Forty-Fourth Weekly Message: For the President from Bunker, March 20, 1968, Vietnam War, 1954 – 1968, *Digital National Security Archive* (*DNSA*), Proquest Group, Inc.
③ Telegram From the Embassy in Vietnam to the Department of State, March 6, 1968, *Foreign Relations of the United States*, Vietnam, 1964 – 1968, Volume Ⅵ, pp.335 – 337.
④ Minutes of National Security Council Meeting, March 28, 1969, *Foreign Relations of the United States*, Vietnam, 1969 – 1976, Volume Ⅵ, p.165.

年4月初,南越44个省份中的29个已经有了"凤凰计划"委员会①,可以将各个省的所有情报及资源联系在一起。

1968年7月1日,阮文绍发布280-a/TT/SL号行政令,公布正式大规模实施"凤凰计划",把"反叛乱"行动与军事行动放到了同等重要的位置。为了加快南越的"反叛乱"进程,阮文绍将"凤凰计划"确定为"反叛乱"计划的一部分。科尔比在回忆录中提到,是他帮助阮文绍起草了此项法令。② 而阮文绍需要扩大"凤凰计划",以达到美国要求的"反叛乱"目标,不能让美国换"马"。

280-a/TT/SL号法令还明确了"凤凰计划"的组织机构及规则。"凤凰计划"中央临时委员会改名为"凤凰计划"国家临时委员会,受中央"反叛乱"和发展委员会管

---

① Pacification Assessment: For Ambassador Bunker from Robert Komer, April 9, 1968, Vietnam War Ⅱ, 1969 – 1975, *Digital National Security Archive* (*DNSA*), Proquest Group, Inc.
② William Colby and Peter Forbath, *Honorable Men: My Life in the CIA*, New York: Simon and Schuster, 1978, p.266.

辖。"凤凰计划"国家临时委员会的成员有：总理、国家警察指挥部总指挥、国防部部长、内政部部长、司法部部长、"召回计划"部部长、情报部部长、乡村发展部部长、总理行政事务秘书及中央"反叛乱"和发展协调中心负责人。"凤凰计划"国家临时委员会主席直接向总统负责。"凤凰计划"国家临时委员会的职责有：制定政策和拟订消灭越南南方民族解放阵线基层组织的计划；协调和引导中央机构的行动；引导、激励和监督下级机构的工作。"凤凰计划"国家临时委员会有一个常设办公室，负责改进、发布和实施"凤凰计划"的相关工作。除了村级以外，其他级别的"凤凰计划"委员会都有常设办公室。常设办公室的组成人员有："凤凰计划"项目副司令、内政部代表、司法部代表、"召回计划"部代表、情报部代表和联合总参谋部代表。各个级别的"凤凰计划"委员会都要接受总统的命令。①

十天后,南越内政部部长兼"凤凰计划"国家临时委员会主席陈善谦(Tran Thien Khiem)发布《"凤凰计划"1号令》,号召大家通力合作,完成"凤凰计划"。此时,"凤凰计划"组织大概有6000人,另有大概500个顾问。② 为了加快"凤凰计划"的实施进程,在初始阶段会派人到各省指导和介绍"凤凰计划"的组织形式。③

美国对此给予高度评价——阮文绍给"凤凰计划"带

---

① Decree of President Nguyen Van Thieu Regarding Organization of Phung Hoang Plan, pp.1-4, April 12, 1972, 0440230005, *The Virtual Vietnam Archive*, Texas Tech University.

② Memorandum from Dean Moor of the Operations Staff of the National Security Council to the President's Assistant for National Security Affairs (Kissinger), May 28, 1969, *Foreign Relations of the United States*, Vietnam, 1969-1976, Volume Ⅵ, pp.230-232.

③ Phung Hoang Order No 1, July 11, 1968, 0440230001, *The Virtual Vietnam Archive*, Texas Tech University.
陈善谦对凤凰计划非常感兴趣,跟相关人员商讨了好几次,并命令特警协助实施凤凰计划。(Ambassador Ellsworth Bunker "Back Channel" Report to the White House, p. 22, June 27, 1968, 2121109020, *The Virtual Vietnam Archive*, Texas Tech University.)

来了活力,而内政部部长陈善谦一直在大力推动它。在美国看来,在花了很长时间后,这个项目在南越得到了很好的组织和有效运作,终于可以为"反叛乱"做出越来越重要的贡献。① 南越升级"凤凰计划"的情况在美驻越大使给国务院的电报中也得到了体现。1968 年 7 月到 9 月,南越开始大规模攻击越南南方民族解放阵线基层组织。阮文绍对"凤凰计划"寄予厚望,内政部也大力推行"凤凰计划","凤凰计划"情报中心已增至 200 多个。②

"凤凰计划"如火如荼的展开对北越造成了严重困扰。因此,北越在 8 月份对南越进行了第三次攻击。美、南越也再次制订计划反击北越,以进一步加强对农村地区的控制。1968 年 10 月中下旬,美国要求:在南越当局

---

① Telegram from the Embassy in Vietnam to the Department of State, October 19, 1968, *Foreign Relations of the United States*, Vietnam, 1964 - 1968, Volume Ⅶ, pp.247 - 261.
② Telegram from the Embassy in Vietnam to the Department of State, October 19, 1968, *Foreign Relations of the United States*, Vietnam, 1964 - 1968, Volume Ⅶ, p.258.

不完全控制的 1000 多个村庄中,"凤凰计划"要争取每月清除 3000 个越南南方民族解放阵线成员,"召回计划"要召回 5000 个"回归者"。① 阮文绍决定在 11 月 1 日至 1 月 31 日发动更广泛的"反叛乱"行动,将大量的村庄从有争议的类别转为相对安全的类别。②

10 月 21 日,南越再次宣布"反叛乱"升级,同时坚持并加强实施"召回计划"和"凤凰计划"。③ 11 月 1 日,阮文绍宣布,南越开始实施加速的"反叛乱"运动,即"黎利

---

① Telegram from the Embassy in Vietnam to the Department of State, October 19, 1968, *Foreign Relations of the United States*, Vietnam, 1964 - 1968, Volume Ⅶ, p.259.
② Telegram from the Embassy in Vietnam to the Department of State, October 2, 1968, *Foreign Relations of the United States*, Vietnam, 1964 - 1968, Volume Ⅶ, pp.115 - 119.
③ Telegram from the Embassy in Vietnam to the Department of State, October 12, 1968, *Foreign Relations of the United States*, Vietnam, 1964 - 1968, Volume Ⅶ, p.164.

运动",以纪念越南爱国者和控制更多南越人口。① 为此,阮文绍还亲自去过两次头顿,与心理战人员和各省的管理人员会面,并且特别提出必须立即抵制任何反美情绪。② 南越寄希望于和美国的紧密合作继续下去,好继续得到美国的援助。阮文绍为了继续向美国索要援助,不断升级"反叛乱"项目。

1968年11月27日,南越总理发布了1293-ThT/PCI/M公告。公告规定,在军事行动中可以立刻释放无任何嫌疑者,其他被逮捕的嫌疑人应交给当地的审查委员会(Screening Committee),要经历一系列的审讯程

---

① Memorandum for the Record, November 5, 1968, *Foreign Relations of the United States*, Vietnam, 1964-1968, Volume Ⅶ, p.569. 阮文绍自比黎朝开国君主黎利。不过此运动也实现了一些表面目标。1968年11月25日,艾布拉姆斯说"反叛乱"已经加强了,10月南越控制的人口增长了3%。详见 Notes of Meeting, November 25, 1968, *Foreign Relations of the United States*, Vietnam, 1964-1968, Volume Ⅶ, p.697.

② Telegram from the Embassy in Vietnam to the Department of State, November 21, 1968, *Foreign Relations of the United States*, Vietnam, 1964-1968, Volume Ⅶ, p.677.

序。"凤凰计划"中心为审查委员会提供嫌疑人数据和信息。[1] 在12月份,阮文绍又表示,南越当局要承担更大份额的战争负担。[2]

北越再一次在南越升级了对"反叛乱"单位的反击。越南民众也不能接受美国侵略和干涉本国事务。"凤凰计划"的实施者在越南不仅暗杀越南南方民族解放阵线干部,还暗杀平民,这引起了越南民众更为激烈的民族解放运动。以隆安省(Long An)为例,到1968年年底,隆安省南部的44个村庄已经成立了人民解放委员会(People's Liberation Committee)。在鸿龙村(Hung Long)的选举中,95%的选民在两个小时内到达选举站,成百上千的人从战略村赶到解放区投票。人民解放委员

---

[1] Pages from Republic of Vietnam Central Pacification and Development Council,0440308001,*The Virtual Vietnam Archive*, Texas Tech University.

[2] Minutes of National Security Council Meeting,March 28, 1969,*Foreign Relations of the United States*, Vietnam, 1969 - 1976,Volume Ⅵ, p.166.

会增强了革命力量,号召人民粉碎美国的"反叛乱"项目和"凤凰计划"。①

在南越升级"凤凰计划"期间,1968年10月28日,孔墨被任命为美国驻土耳其大使。早在1967年11月,孔墨就希望中情局的科尔比来南越协助"反叛乱"事务。② 科尔比在其回忆录里也提到,"我的中情局背景,有助于我把'凤凰计划'并入'民事行动与革命发展计划'"。③ 一年后,科尔比正式取代孔墨主管越南"反叛乱"事务。

1968年12月9日,科尔比与阮文绍会见。在会议上,科尔比对"反叛乱"战略的历史和组织结构进行了审查。在回顾了"反叛乱"战略历史之后,科尔比得出结论:

---

① Liberation Committees Established in Long An, March 03, 1969, 2310816005, *The Virtual Vietnam Archive*, Texas Tech University.
② Notes of Meeting, November 21, 1967, *Foreign Relations of the United States*, Vietnam, 1964-1968, Volume Ⅴ, p.1058.
③ William Colby and Peter Forbath, *Honorable Men: My Life in the CIA*, New York: Simon and Schuster, 1978, p.267.

图 3-1 科尔比(左一)在开会

(图片来源:https://nsarchive2.gwu.edu/NSAEBB/NSAEBB362/index.htm)

对现有"反叛乱"计划进行强有力的集中管理是非常必要的;建议中央"反叛乱"与发展委员会把新闻界关于"反叛乱"的报道在年终时作为报告提交总统,然后再由总统向媒体发布。由此,"凤凰计划"越南化的进程又向前推进了一步。正如科尔比所说:"我认为有关该计划的基本信息来源应该是越南语的。"①

---

① Memorandum of Conversation, December 9, 1968, *Foreign Relations of the United States*, Vietnam, 1964 - 1968, Volume Ⅶ, pp. 737 - 741.

二、"凤凰计划"情报机构的建立

虽然美国努力让"凤凰计划"越南化,但美国也确立了必须帮助南越的基调。美国打算升级人员培训规模,指派特定人员参加"凤凰计划"。为了克服语言障碍(尤其是在县一级),提升实施效果,美国对顾问进行越南语培训。美国还给予南越灵活的支持(包括情报上和资金上),向重点地区派遣更多的士兵和直升机,并提出当前最重要的是参与"凤凰计划"的南越各部门要吸取经验教训,团结一致对抗越南南方民族解放阵线基层组织。[1]

为了实现让南越各部门团结这个最重要的目标,美国打算帮助南越重组情报机构。南越国家情报协调委员会(National Intelligence Coordinating Committee)的作用十分有限。为了保证能利用情报精准打击目标,美国协助南越成立了省级情报和行动协调中心(PIOCC)、区

---

[1] Editorial Note, *Foreign Relations of the United States*, Vietnam, 1964 – 1968, Volume Ⅶ, pp.762 – 763.

县级行动和情报协调中心(DIOCC)、村级行动和情报协调中心(VIOCC)。

村级行动和情报协调中心是最初的情报来源地,然后再传递给区县级行动和情报协调中心。① 区县级行动和情报协调中心是最重要的部门,数量多。从情报收集的数量上来看,"凤凰计划"主要依赖区县级行动和情报协调中心收集和整理关于越南南方民族解放阵线基层组织的情报。省级情报和行动协调中心除收集情报外,还要指导和支持其下属的区县级行动和情报协调中心。②

南越一共成立了44个省级情报和行动协调中心。

---

① Quang Nam Province-Briefing Paper, pp. 17 - 18, December 1970, 2321705005, *The Virtual Vietnam Archive*, Texas Tech University. 向"凤凰计划"省级情报和行动协调中心与区县级行动和情报协调中心提供情报的机构有:S-2情报小组、国家警察、国家警察野战部队、特警、军事保密局(Military Security Service)、"召回计划"、临时侦察部队、民兵。S-2情报小组主要负责收集越南南方民族解放阵线的军事动向、征兵信息等。国家警察则收集越南南方民族解放阵线的税收信息。

② Report, Civil Operations and Rural Development Support-Phung Hoang SOP Number 3 - Record of MACV Part 1, p.20, February 01, 1970, F015800290431, *The Virtual Vietnam Archive*, Texas Tech University.

南越全境几乎都建立了区县级行动和情报协调中心，共有247个区县级行动和情报协调中心。[1] 区县级行动和情报协调中心的重要性可见一斑。

区县级行动和情报协调中心对美国和南越来说都十分重要，因为它为各地区提供政治和军事情报。比如，提供战略村的地图、重要建筑物及地标信息，越南南方民族解放阵线干部档案，越南南方民族解放阵线成员的照片，著名越南南方民族解放阵线干部的亲属名单等。[2] 同时还负责提供军事战斗情报[3]，接收叛逃者，获取这些人提供的北越信息，向"凤凰计划"提供信息。[4]

---

[1] FOI Declassified Document-Study: South Vietnam's Internal Security Capabilities, April 29, 1980, 2121516002, *The Virtual Vietnam Archive*, *Texas Tech University*. DIOCC 的数量总数虽有出入，有的文献记载有250多个，但总体相差不大，遍布南越全境。

[2] Village Security Planning Guide for District and Mobile Advisory Teams, January 01, 1970, 2160104001, *The Virtual Vietnam Archive*, Texas Tech University.

[3] Quang Nam Province-Briefing Paper, pp.17 – 18, December 1970, 2321705005, *The Virtual Vietnam Archive*, Texas Tech University.

[4] Phoenix Program, p.5, CK2349427295, *DDRS*.

故"凤凰计划"的行动多始于区县级行动和情报协调中心。在这里,美、南越工作人员编制"通敌者"的档案。[1] 档案编制非常重要,掌握了对方的习惯、接触的人、时间安排、行事方式,就很容易对之实施抓捕,也能够向省安全委员会(Province Security Committee)提供证据,使之很快做出判决。故一旦确定了一位越南南方民族解放阵线嫌疑人的姓名和职位,首先会准备好两张索引卡,按照战略村分类,并按照字母顺序编目,然后形成攻击对象的个人文件夹。[2] 此外,线人、警察、当地官员也为区县级行动和情报协调中心提供信息。如果一个人被举报三次,就会被视为越南南方民族解放阵线嫌疑人

---

[1] Operation Phoenix and the Failure of Pacification in South Vietnam, November 1973, 2122905004, *The Virtual Vietnam Archive*, Texas Tech University.

[2] Phung Hoang Advisor Handbook, p. 9, November 20, 1970, 1370406001, *The Virtual Vietnam Archive*, Texas Tech University. 省安全委员会成立于1957年,职责是对危害国家安全的嫌疑人做出判决。但是省安全委员会是管理性机构,并不是一个司法实体。省安全委员会主要由军事人员组成,有省长、安全局副局长、国家警察代表、S-2情报小组以及民兵。

而被列入黑名单。一旦被列入黑名单,就会立刻遭到逮捕、审讯和拘留。①

南越为各级行动和情报协调中心提供警察和军队等主要的人力支持。而美国为之提供资金支持并雇佣631名翻译人员和打字员②,且美国为"凤凰计划"提供数据分析设备。到1971年5月,美国已投入400万美元用于建造"凤凰计划"中心和购买设备。从1968年到1971年5月,美国为"凤凰计划"已投入了约7.32亿美元。③

为了让南越当局的相关机构明白情报中心的运作方式,美国在头顿开设了"凤凰计划"培训课程。1969年2月课程开始,为期10天。到年底有850名顾问结业,其

---

① Operation Phoenix and the Failure of Pacification in South Vietnam, November 1973, 2122905004, *The Virtual Vietnam Archive*, Texas Tech University.
② FOI Declassified Document—Study: South Vietnam's Internal Security Capabilities, April 29, 1980, 2121516002, *The Virtual Vietnam Archive*, Texas Tech University.
③ Pages from the Congressional Record (Senate), *October 11*, 1972: *Aid to Thieu*, October 11, 1972, 0440326013, *The Virtual Vietnam Archive*, Texas Tech University.

中557人被派往"凤凰计划"项目。[①] 在课程中,美方顾问与南越参与"凤凰计划"的工作人员互相认识,同时熟悉了工作流程。在入职培训中,还有两天的区县级行动和情报协调中心实际操作培训。[②] 上述措施改善了南越当局对情报工作疏忽的状况,向南越示范了美国的情报协调方法和工作方式,达到了科尔比的预期,"我们准备系统地向'反叛乱'提供信息,并向南越做示范"。[③]

各级情报和行动协调中心的作用有以下几个方面:首先,协调了情报和"凤凰计划"的行动,使"凤凰计划"的行动不再盲目。其次,在全南越范围内建立的情报中心

---

① Report, Civil Operations and Rural Development Support—Phung Hoang (PHOENIX) End of Year Report, P. 6, February 28, 1970, F015800290603, *The Virtual Vietnam Archive*, Texas Tech University.
② Phung Hoang Advisor Handbook, p. 19, November 20, 1970, 1370406001, *The Virtual Vietnam Archive*, Texas Tech University.
③ Memorandum of Conversation, December 9, 1968, *Foreign Relations of the United States*, Vietnam, 1964 - 1968, Volume Ⅶ, pp. 737 - 741.

让"凤凰计划"可以做出迅速反应。再次,美国向南越示范了如何运用所有机构沟通交换关于共产党的信息。"凤凰计划"之前,南越负责的反间谍活动不成系统;而成立各级情报中心后,美国顾问与南越"凤凰计划"各级情报和行动协调中心的人员一起工作,这样做的优势很明显。[①] 最后,通过各级行动和情报协调中心的情报协调,南越各个官僚部门能够通力合作,解决了官僚部门冲突的问题。不过这很有讽刺意味,美国自身就深受官僚部门冲突之苦。

---

① The Evolution of American Military Intelligence, pp.116 – 117, May 4, 1973, 0440220002, *The Virtual Vietnam Archive*, Texas Tech University.

IV

第四章

尼克松政府第一次"越南化"政策及"凤凰计划"改革

20世纪60年代初期以来,美元危机持续不断,美国经济实力严重衰退。1968年3月,美国爆发经济危机,黄金储备流失严重。而在60年代末期,苏联的国民收入和军费开支都处于增长状态,且美苏核力量形成均势。美苏冷战态势变为苏攻美守。

在欧洲,各国学生运动迭起,反对美国的越南战争。1968年3月,美国在葡萄牙、西班牙等地的领事馆遭到学生袭击。4月,德国、意大利又发生学生运动。5月,法国发生五月风暴,学生运动达到了高潮。8月,苏联进入社会主义国家捷克斯洛伐克。在亚洲,苏联与中国关于边界问题发生冲突。苏联担心两面受敌,开始寻求与西德缓和关系。

约翰逊下台前,即1968年10月,约翰逊政府宣布结束越战,让美军撤出越南。尼克松胜出后,开始了共和党主导白宫时期。尼克松领导的共和党政府面临的状况是"左派斥责右派,右派责骂左派。文官怪武官,武官则骂骂咧咧,说文官不支持自己的工作。尼克松和基辛格身处旋涡的中心,不仅要妥善处理这些问题,还要试图领导世界"。①

欧洲反战及西德与苏联缓和的状况迫使尼克松政府实行更加务实的外交政策。主要有两个目标:一、在肯尼迪政府对华"微开门"政策的基础上,尝试与中国有更多的接触。1969年2月5日,国安会制定《国家安全研究备忘录第14号》文件,开始研究对华政策。② 二、"与苏联发展一种新的谈判关系来代替过去的对抗关系。"③ 1969年中期起,基辛格与苏联驻美大使多勃雷宁(Anatoliy F. Dobrynin)建立了秘密交流渠道。

当然,尼克松政府在亚洲的首要任务是结束越南战争。故尼克松一上台,在对越政策的军事方面实施"越南

---

① [美]戴维·罗特科普夫著,孙成昊、赵亦周译:《美国国家安全委员会内幕》,北京:商务印书馆,2013年,第135页。
② National Security Study Memorandum 14, February 5, 1969, *Foreign Relations of the United States*, China, 1969–1976, Volume XVII, p.8.
③ [美]尼克松著,王绍仁、吴明、王为译:《不再有越战》,北京:世界知识出版社,1999年,第114页。

化"政策,开始逐步从越南撤军;在政治方面加大实施"反叛乱"政策。

第一节 初期军事行动对"反叛乱"的支持

一、"反叛乱"政策的争议

尼克松上台后,北越继续在南越各地保持零星行动,也很关注美国在南越的"反叛乱"行动,常利用游击队打乱美、南越的"反叛乱"计划。① 尼克松政府打算加大"反叛乱"的力度以打击北越。

尼克松对约翰逊政府的"反叛乱"行动非常不满。在1968年的春节攻势之前,绥靖政策未能实施。绥靖政策

---

① Minutes of National Security Council Meeting, January 25, 1969, *Foreign Relations of the United States*, Vietnam, 1969 – 1976, Volume Ⅵ, pp.23 – 41.

完全变成了误入歧途的政治改革或时断时续的经济发展计划。这些用心良苦的工作计划看上去就像是一份不分主次的项目清单:重建、公民行动、土地开发中心、集中营、战略村、新生活村、乡村建设、乡村重建、革命发展计划等。但是,没有一项计划完全解决了南越人在乡村地区的安全保障这一难题。[①] 故尼克松打算开创一个独特的决策程序,以保证重要问题得到关注和解决。

1969年年初,尼克松甫一上台,就重组了国家安全委员会,成立了一个国家安全委员会审查小组,以确保提交给国家安全委员会的文件都是有价值的。另外,还在国安会内成立特别小组处理特殊问题[②],还建立了"国家安全研究备忘录"和"国家安全决策备忘录"两个文件体

---

① [美]尼克松著,王绍仁、吴明、王为译:《不再有越战》,北京:世界知识出版社,1999年,第154页。
② The History of the Joint Chiefs of Staff: The Joint Chiefs of Staff and the War in Vietnam, 1969-1970, June 1983, pp.5-6, Vietnam War Ⅱ, 1969-1975, *Digital National Security Archive* (DNSA), Proquest Group, Inc.

系。上述举措改变了约翰逊时期依靠国家安全特别助理处理外交事件的情况,开始把外交决策放到国家安全委员会中进行。

尼克松入主白宫首日,就发布了《国家安全研究备忘录第1号》。里面都是与国家安全相关的问题,其中就有"凤凰计划",目的是推动各部门商讨对策。

在各部门对《国家安全研究备忘录第1号》所提问题的回答中可以看出,美国内部对在南越的"反叛乱"活动存在争议。争议之一是1967年到1968年的"反叛乱"活动是否有效果;争议之二是以后如何改进"反叛乱"行动。驻越军援司令部、驻越大使持下述第一种观点,太平洋总司令和参谋长联席会议赞同之。国防部长办公室、中情局和情报研究局持下述第二种观点。两者对"反叛乱"重要性的认知以及近期如何改进"反叛乱"计划存在争议。

第一种观点认为目前的安全状况比任何时候都要好,第二种观点则比较谨慎和悲观。比如,第一种观点认为1967—1968年"反叛乱"取得了很大的成果,第二种观点认为1967—1968年间"反叛乱"没有取得进展;第一种观点认为到1968年8月南越当局控制了65.8%的人口,第二种观点认为只控制了49.9%;第一种观点对南越当局的表现赞赏有加,第二种观点则认为南越当局在农村还没有成功,故2到5年内美国还是不能摆脱这个责任。[1]造成这两种观点存在的原因有决策者、分析者、情报、军事和民事行动等各种方面的因素。

综上所述,在1969年2月间,美国各部门对越南情况的看法不一,尼克松政府还没有形成统一的越南政策。虽然尼克松竞选之时就打出了结束越战的政治牌,但他并不想马上结束战争。基辛格在其回忆录中也提到,"尼克松政府上台时决心停止我们在越南的参战。但是它不久就在现实面前碰了壁……河内比我们的分析抢先了一

---

[1] Summary of Interagency Responses to NSSM 1, March 22, 1969, *Foreign Relations of the United States*, Vietnam, 1969 - 1976, Volume Ⅵ, pp.129 - 152.

步,于一九六九年二月二十二日在南越发动了全国性的攻势"。① 为了阻止北越对南越的进攻,尼克松想到的应对方案是轰炸柬埔寨。然而尼克松政府成员对这个方案存在争议,尼克松在轰炸与不轰炸之间犹豫。

尼克松为了了解越南局势,1969年3月5日,派国防部部长莱尔德(Melvin R. Laird)及参谋长联席会议主席惠勒对南越进行为期5天的考察。莱尔德一行最后在太平洋司令部短暂逗留后返回美国。

3月12日,惠勒就把他对越南局势的了解写进了给莱尔德的备忘录里。他在谈到"反叛乱"工作时称,北越的行动对"反叛乱"的影响不大;阮文绍出于个人利益,一直在推进这项工作,"凤凰计划"的实施也很成功。②

---

① [美]亨利·基辛格著,陈瑶华、方辉盛、赵仲强等译:《白宫岁月——基辛格回忆录》第一册,北京:世界知识出版社,1980年,第298—314页。
② Memorandum from the Chairman of the Joint Chiefs of Staff (Wheeler) to Secretary of Defense Laird, March 12, 1969, *Foreign Relations of the United States*, Vietnam, 1969-1976, Volume Ⅵ, p. 106.

次日,莱尔德以备忘录的形式向尼克松汇报了这次越南及太平洋司令部之行,但他与惠勒的看法不同。他引用了科尔比的数据,估计越南南方民族解放阵线基层组织有83000人,"凤凰计划"大概已经消灭了16000人;但鉴于越南南方民族解放阵线损失的人力可能已得到补充,因此"反叛乱"还需要投入更多。① 莱尔德的越南之行确定了支持南越的"反叛乱"政策,而这对尼克松决定轰炸柬埔寨有直接影响。

二、对柬埔寨的轰炸

尼克松上台伊始,为了向美国民众及舆论兑现停战承诺,同时考虑到巴黎和谈及美国恢复对北越轰炸有风险,便暂停了对北越的轰炸。而且,此时美国的观念出现转向,不再认为越南落入共产党统治会导致共产主义在

---

① Memorandum from Secretary of Defense Laird to President Nixon, March 13, 1969, *Foreign Relations of the United States*, Vietnam, 1969–1976, Volume Ⅵ, pp.108–120.

亚洲的扩张。①

与此同时,北越向国际社会谴责美国的行为。北越在私下向苏联以及在公开声明中都表示:B-52轰炸机的轰炸造成了相当大的平民伤亡;美国在巴黎的姿态傲慢,忽略了越南南方民族解放阵线。②

鉴于自身观念的转变及北越的斗争,美国想找到一个可以迅速而有条不紊地将战争负担转移给南越的方法,同时努力实现南越自决的目标。③ 这个方法就是支持南越的"反叛乱"行动,使南越承担战争责任,实现南越政权自决。

中情局率先支持南越政权,在柬埔寨边境地区实施

---

① Summary of Interagency Responses to NSSM 1, March 22, 1969, *Foreign Relations of the United States*, Vietnam, 1969-1976, Volume Ⅵ, pp.129-152.

② Memorandum of Conversation, March 8, 1969, *Foreign Relations of the United States*, Vietnam, 1969-1976, Volume Ⅵ, p.95.

③ Memorandum from Secretary of Defense Laird to President Nixon, March 13, 1969, *Foreign Relations of the United States*, Vietnam, 1969-1976, Volume Ⅵ, pp.108-120.

了针对北越的隐蔽的准军事行动,旨在消除北越通过柬埔寨向南越输送武器的通道。中情局希望得到美国高层对"反叛乱"的支持,尤其在外交上要有所突破,外交、情报收集和隐蔽行动之间要互相帮助和促进。[1] 尼克松政府同意了中情局的建议,决定向南越投入更多资源,帮助南越实施"反叛乱"政策。

但在不能轰炸北越的情况下,尼克松对东南亚军事形势的关注落在了北越在老挝和柬埔寨的渗透活动上。为了打击北越,尼克松政府打算把越南战争转移到柬埔寨,对柬埔寨实施轰炸。莱尔德"强烈支持袭击柬埔寨庇护所……罗杰斯由于巴黎出现私下会谈的希望而提出反对意见"。[2] 尼克松收回轰炸命令,不过尼克松政府的所

---

[1] Memorandum From the President's Assistant for National Security Affairs (Kissinger) to President Nixon, March 17, 1969, *Foreign Relations of the United States*, Vietnam, 1969–1976, Volume Ⅵ, pp. 126–127.

[2] [美]亨利·基辛格著,陈瑶华、方辉盛、赵仲强等译:《白宫岁月——基辛格回忆录》第一册,北京:世界知识出版社,1980年,第322页。

有人都意识到了柬埔寨庇护所带给美、南越的威胁。

参联会强调，北越在非军事区、老挝和柬埔寨的渗透活动给南越带来了威胁，这也是造成美军伤亡的一个重要原因；并建议驻越美军司令艾布拉姆斯采取空中和地面行动打击老挝和柬埔寨境内的北越渗透力量，摧毁其物资供给系统。① 不过关于到底是老挝重要还是柬埔寨重要的问题，各部门又出现了争议。驻越军援司令部、太平洋司令部、参联会和南越认为柬埔寨是北越的重要渗透路线，因为自1968年11月以来，美国军方就一直打击北越在老挝境内的两条渗透路线。驻越军援司令部认为其在80％的时间里进行了有效拦截②，所以大大减少了北越在老挝走廊的物资渗透。中情局、国防情报局和国

---

① Memorandum from the Chairman of the Joint Chiefs of Staff (Wheeler) to Secretary of Defense Laird, March 12, 1969, *Foreign Relations of the United States*, Vietnam, 1969-1976, Volume Ⅵ, pp.105-107.

② Summary of Interagency Responses to NSSM 1, March 22, 1969, *Foreign Relations of the United States*, Vietnam, 1969-1976, Volume Ⅵ, pp.129-152.

务院组成的联合小组认为柬埔寨路线是粮食供应的主要途径,老挝走廊才是军事物资运输的主要线路。① 国防部长莱尔德认为,北越通过柬埔寨路线使得自身战斗力和灵活性加强,所以柬埔寨变得越来越重要,应在边境地区行动以削弱北越,否则会因自我设限而让北越占据优势。除非美国愿意扩大战争,否则这些边境地区的庇护所将继续导致军事升级。② 综上,美国多个部门,尤其是军事部门倾向于轰炸柬埔寨。

1969 年 3 月 15 日,北越向西贡发射了火箭炮。尼克松下定决心摧毁北越在柬埔寨的庇护所,下令立即实施"早餐"计划。在计划确定后,才通知了国务院,以及洛

---

① Summary of Interagency Responses to NSSM 1, March 22, 1969, *Foreign Relations of the United States*, Vietnam, 1969 - 1976, Volume Ⅵ, pp.129 - 152.
② Memorandum from Secretary of Defense Laird to President Nixon, March 13, 1969, *Foreign Relations of the United States*, Vietnam, 1969 - 1976, Volume Ⅵ, pp.108 - 120.

奇和邦克。① 因为国务卿罗杰斯一直反对轰炸柬埔寨。

美国实施"早餐"计划的政治心理动因是,如果美国不行动,就会被北越认为是软弱的表现。美国更担心北越加强军事攻势,而不得不在巴黎和谈中做出让步。此外,此举还可以打消南越当局对美国暂停轰炸北越的怀疑。但"早餐"计划可能招致国内反战人士的批评,也可能会加大美军伤亡率,还可能导致新一轮的战争升级,也会引发柬埔寨的抗议活动,影响巴黎谈判及与苏联的外交关系等。②

这是尼克松应对重大危机做出的第一次决策,而且是在两次犹豫之后。这一次尼克松坚决不愿再犹豫了。3月18日,B-52轰炸机对柬埔寨边境目标实施了代号

---

① Memorandum for the Record, March 15, 1969, *Foreign Relations of the United States*, Vietnam, 1969 - 1976, Volume Ⅵ, p.120.

② Memorandum from the President's Assistant for National Security Affairs (Kissinger) to President Nixon, March 16, 1969, *Foreign Relations of the United States*, Vietnam, 1969 - 1976, Volume Ⅵ, pp. 121 -123.

为"早餐"的轰炸行动。此后,尼克松开始断断续续地对柬埔寨进行轰炸。

此时的南越当局为了稳定政权,只有通过实施"凤凰计划"等"反叛乱"项目对抗北越。对此,美国持赞成态度,美国希望南越重新关注"反叛乱"。尼克松在其回忆录中也说:"我再次强调了绥靖计划的紧迫性……我们在1969年把绥靖政策当作新的战略重点。"① 不过虽然"反叛乱"成了尼克松政府对越政策的焦点,但是尼克松政府并没有特别关注"反叛乱"项目之一的"凤凰计划",而是把它归为"小问题"。②

---

① [美]尼克松著,王绍仁、吴明、王为译:《不再有越战》,北京:世界知识出版社,1998年,第123—156页。
② Summary of Interagency Responses to NSSM 1, March 22, 1969, *Foreign Relations of the United States*, Vietnam, 1969 - 1976, Volume Ⅵ, p.145.

第二节 "凤凰计划"的改革

一、评估效果及存在的问题

在约翰逊离开白宫之际,中情局向国家安全事务助理汇报了"反叛乱"及"凤凰计划"的实施情况。1968年12月16日,中情局副局长海军中将鲁弗斯·泰勒(Rufus Taylor)发给国家安全事务特别助理罗斯托一份中情局西贡站对"凤凰计划"的评估材料。该材料评估了"反叛乱"项目的成果,指出了"凤凰计划"的不足,提出美国以后应该帮助南越。

尼克松上台后,科尔比于1969年2月4日写信给基辛格,评价了南越总体的"反叛乱"情况,并称"我认为我们最有成效的努力就是做好'反叛乱'工作"。① 科尔比还是按照惯例向国家安全事务助理汇报情况。但由于尼克松重组国安会,国安会处理越南问题的特别跨部门小组一直到 2 月 13 日才成立。这个跨部门小组由原来的邦迪小组脱胎而成,主要任务是为审查小组提供越南政策报告。故科尔比没有得到回复。况且关于《国家安全研究备忘录第 1 号》里越南的"反叛乱"问题,尼克松政府也是一堆疑问,也在等待国防部、国务院等部门的研究和回答。

此时,主要是南越当局在主导"凤凰计划"。南越当局决定 1969 年的"凤凰计划"要吸取 1968 年的教训,希望能消灭越南南方民族解放阵线基层组织中的核心成员。"凤凰计划"1969 年的目标是使 21600 名越南南方民族解放阵线基层组织成员保持中立,或者每个月让

---

① William Colby provides Henry Kissinger with a copy of a letter Colby sent to South Vietnamese President Nguyen Van Thieu commenting on South Vietnam's overall Pacification Program, 1969, CK2349515101, *DDRS*.

1800名越南南方民族解放阵线基层组织成员保持中立,[①]而且南越强调制订此计划的标准是注重质量胜于数量。

1969年3月,在莱尔德进行越南之行时,科尔比汇报工作说,"反叛乱"已经取得效果,超过79%的南越人可以划入相对安全的范围;"凤凰计划"也很成功,但需美国"投入更多"。[②]

其实与军事行动相比,1968年"凤凰计划"消灭的越南南方民族解放阵线基层组织成员比例是10%—20%,余下的是由正规军事行动消灭的。"凤凰计划"虽然十分有效,但仍有提升的空间。问题在于南越人力不足,缺乏

---

① Phoenix Program, p.7, CK2349427295, *DDRS*.
② Memorandum from Secretary of Defense Laird to President Nixon, March 13, 1969, *Foreign Relations of the United States*, Vietnam, 1969 - 1976, Volume Ⅵ, pp.108 - 120.

合格的实施者①,而且美、南越的"反叛乱"行动不足以导致越南南方民族解放阵线的功能瘫痪。

南越当局制定的1969年目标显然大大高于1968年的实际目标,根本不现实。其原因有四:

首先,南越当局本来的领导力就不足,对各省的监督和指导也不足。南越当局的行为(尤其是拘留行动)不合法致使南越内部人心涣散。南越当局对待战争的信念及自身的信心也有问题。②

其次,参与实施"凤凰计划"的美国官员对南越的司法程序尤为不满。有的案件还未进行审查,南越地方官员就随意释放嫌疑人。有的案件即使已经进入了审讯环节,省(地方)安全委员会也会因证据不足、贪污腐败、监

---

① Memorandum from Dean Moor of the Operations Staff of the National Security Council to the President's Assistant for National Security Affairs (Kissinger), May 28, 1969, *Foreign Relations of the United States*, Vietnam, 1969–1976, Volume Ⅵ, pp.230–232.

② Memorandum of Conversation, December 9, 1968, *Foreign Relations of the United States*, Vietnam, 1964–1968, Volume Ⅶ, pp.737–741.

押设施不够、不能充分认识到越南南方民族解放阵线的"危险性"等而对嫌疑人做出宽大处理。实际上，1968年逮捕的嫌疑人约有60%都被释放了。① 上述问题意味着释放嫌疑人的标准不合理，处理嫌疑人的流程也存在问题。

再次，在审讯过程中广泛使用酷刑，如用烟头烫胸膛、用针穿手指、电击等等。② 而且南越监狱硬件设施极差。随着"凤凰计划"的实施，逮捕和拘留的人数骤增，监狱里人满为患。本来在春节攻势后，监狱人数就已激增，可是科尔比说"随着'反叛乱'项目的推进，监狱里关押的人数还会增多"。③

---

① FOI Declassified Document–Study: South Vietnam's Internal Security Capabilities, April 29, 1980, 2121516002, *The Virtual Vietnam Archive*, Texas Tech University.
② Statement on Continued U.S. Support for South Vietnam's Police & Prison System and Proposals for Ending Such Support, July 20, 1973, 14510324001, *The Virtual Vietnam Archive*, Texas Tech University.
③ Congressional Record—U.S. Study Team on Religious And Political Freedom in Vietnam, p.8, June 1969, 2321703009, *The Virtual Vietnam Archive*, Texas Tech University.

最后，实施单位和情报来源的多元化使问题变得复杂，而问题变复杂又带来组织协调上的困难。如中情局根本不允许"凤凰计划"收集军事情报，也很少与军方协调行动。① 各个官僚部门各自为战的竞争状态影响了办事效率，如省级情报和行动协调中心根本不与临时侦察部队分享情报。② 临时侦察部队作为"凤凰计划"人员的一部分，在执行任务时，连要消灭的越南南方民族解放阵线目标都不能确定，也从来不知道地方上真正的越南南方民族解放阵线负责人是谁，常常混乱执行任务。③ 南越军队与临时侦察部队也有矛盾，在槟枷（Ben Tre）附近

---

① A Critical Analysis of US Army Intelligence Organizations and Concepts in Vietnam, 1965-1969—USAWC Group Research Project, March 08, 1971, 3670930001, *The Virtual Vietnam Archive*, Texas Tech University.
② Occasional Paper, History Division of the U.S. Marine Corps-Marine Advisors with the Vietnamese Provincial Reconnaissance Units, 1966-1970, p. 44, 2009, 22100101001, *The Virtual Vietnam Archive*, Texas Tech University.
③ Timothy Cavinder, "The Coup and The Phoenix: Spanning a Decade of Covert Operations", *History Seminar*, 1998.

行动时,军队不让临时侦察部队的行动超出城市范围。①

鉴于在"凤凰计划"实施过程中南越"法制"进程缓慢的情况,美国决定做出相应的改革。在美国各部门对《国家安全研究备忘录第1号》的讨论中,提及现在对"凤凰计划"进行全面评价还为时过早。但所有部门都认为"凤凰计划"是非常有价值的②,故"凤凰计划"需要进行司法改革。背后隐含的意思是:如果司法程序更加合法,就能安抚百姓、争取民心、稳固南越政权,也能改善越南人对美国人的态度。

二、"凤凰计划"的改革

1969年3月24日,南越内政部发布第757号公告,

---

① Intelligence Memorandum: Pacification in the Wake of the Tet Offensive in South Vietnam, March 19, 1968, 0410688004, *The Virtual Vietnam Archive*, Texas Tech University.
② Summary of Interagency Responses to NSSM 1, March 22, 1969, *Foreign Relations of the United States*, Vietnam, 1969 – 1976, Volume Ⅵ, pp.129 – 152.

这是"凤凰计划"开始改革的标志。该公告由科尔比设计，由内政部部长陈善谦签署。① 这份公告阐明了"凤凰计划"的流程，且明确把越南南方民族解放阵线成员划分成三类：A 类是所有的共产党人员，B 类是拥有小职务的共产党干部，C 类是自愿或被迫协助共产党办事的人员。② 公告的主要目的是尽快对被抓捕来的越南南方民族解放阵线成员做出处理。

改革后"凤凰计划"的司法流程是：嫌疑人被逮捕关押的前 24 个小时，由相关的抓捕部门进行初步的调查审讯，然后将嫌疑人移交给最近的警察局。警局必须在两天内进行初步的审讯和身份确认，最多在 3 天内要把嫌疑人移交给审讯中心。接下来，审讯中心有 30 天的时间对嫌疑人进行充分的调查。最后，省长审核过后，交给省

---

① Douglas Valentine, *The Phoenix Program*, New York: William Morrow and Company, 1990, p.291.
② Pages from Republic of Vietnam Central Pacification and Development Council, 0440308001, *The Virtual Vietnam Archive*, Texas Tech University.

安全委员会,由其在 7 天内做出判决。①

1969 年 5 月 21 日,邦克给基辛格发去密信,汇报"凤凰计划"的改革成果。他提到"凤凰计划"有了高的回报,每周大约吸引 400 个敌人来投降,消灭 3500—5000 个越南南方民族解放阵线基层组织成员。② 但基辛格的回信中只字未提"凤凰计划"。几天后,中情局主导了美方的"凤凰计划"改革。

1969 年 5 月 28 日,国家安全委员会负责东亚事务的工作人员迪恩·摩尔(Dean Moor)③在给基辛格的备忘录中提到,"凤凰计划"的局限在于南越缺乏合格的实

---

① Phung Hoang Advisor Handbook, p. 14, November 20, 1970, 1370406001, *The Virtual Vietnam Archive*, Texas Tech University. 大部分嫌疑人是由省安全委员会处理的,有时也由军事法庭处理。
② Backchannel Message from the Ambassador to Vietnam (Bunker) to the President's Assistant for National Security Affairs (Kissinger), May 21, 1969, *Foreign Relations of the United States*, Vietnam, 1969 - 1976, Volume Ⅵ, p.223.
③ 迪恩·摩尔曾向基辛格建议在国安会内组建越南问题特别跨部门小组。

施该计划的人手,故该计划还有很大的提升空间。中情局最近打算不再亲自执行"凤凰计划",拟交由驻越军援司令部管理"凤凰计划"。为此,驻越军援司令部专门安排了450个人负责对接"凤凰计划",预计到1969年7月1日可以完成全部交接工作。但关于"凤凰计划"的最高决策,仍然是由中情局做出。基辛格在这条档案的首页顶部做了记录:"为什么要改变?"在记述"凤凰计划"内容的空白处写道:"他们在做什么？他们怎么消灭越南南方民族解放阵线？"[1] 这些信息说明直到1969年5月底,基辛格才开始真正关注"凤凰计划"。此前,由于尼克松和基辛格对于越战的关注点在柬埔寨,所以他们对南越"反叛乱"项目之一的"凤凰计划"没有太多关注。

中情局把"凤凰计划"移交给了军方。此前,驻越大使助理办公室要向"凤凰计划"提供三分之一的援助,改

---

[1] Memorandum from Dean Moor of the Operations Staff of the National Security Council to the President's Assistant for National Security Affairs (Kissinger), May 28, 1969, *Foreign Relations of the United States*, Vietnam, 1969-1976, Volume Ⅵ, pp.230-232.

图 4-1 昆山监狱释放人员

(图片来源:Political Prisoners in South Vietnam-Amnesty International Publications, p.11, 2390908002, *The Virtual Vietnam Archive*, Texas Tech University.)

革后就意味着军方从此独自承担起援助"凤凰计划"的责任。而其实美方援助的规模和模式深刻影响着南越的"反叛乱"模式。

与此同时,中情局把临时侦察部队项目也移交给军方管理,同时敦促南越增加管理人员。南越答应在其人员经过培训后,将承担起更多的管理职责,预计1969年7月1日完成交接。① 相应的,南越把自己的临时侦察部队划入了国家警察特别部队,但其最终被并入国家警察的确切时间是1970年。②

1969年8月20日,南越内政部又发布了2212-BNV/CR/13/A号公告,这份公告提供了更加详细的流程指导③,其内容也是科尔比和陈善谦负责规划的。南越成立了政治安全办公室(Political Security Office),为"凤凰计划"和国家警察提供指导。为了解决监狱拥挤不堪的状况,2212号公告做了强制处决规定,以及把A级和

---

① Memorandum from Dean Moor of the Operations Staff of the National Security Council to the President's Assistant for National Security Affairs (Kissinger), May 28, 1969, *Foreign Relations of the United States*, Vietnam, 1969–1976, Volume Ⅵ, pp.230–232.

② Report, Indochina Refugee Authored Monograph Program—Strategy and Tactics-Draft Copy for Final Review, p.43, July 10, 1978, 2850212001, *The Virtual Vietnam Archive*, Texas Tech University.

③ Dale Andradé, *Ashes to Ashes: The Phoenix Program and the Vietnam War*, Lexington and Toronto: Lexington Books, 1990, p.125.

B级越南南方民族解放阵线嫌疑人转移到昆山监狱（Con Son Prison）①的规定；C级嫌疑人如果是初犯的话，在交了保证金后可以被保释；累犯则有其他应对方法。②

同时，美国也努力解决"凤凰计划"中存在的问题，把共产党按照等级分类：A类是非常重要的官员，B类是拥有重要职位的越共党员，C类是普通成员。美国发出指令，忽略C类共产党员，改进培训课程，记录当地共产党员档案，逐步建立起当地共产党员图表，且开始用电脑处理"凤凰计划"的数据。③

这个时期美国主要为"凤凰计划"提供后勤援助及顾问咨询服务。1966年年初，约有1000名美国顾问参与

---

① Douglas Valentine, *The Phoenix Program*, New York: William Morrow and Company, 1990, p.293. 昆山监狱位于昆山岛。欧洲人称昆山岛为保罗·孔德雷岛（Poulo Condor Island）。昆山监狱所在的小岛四面环海，成千上万的越南人被关押在这里，甚至死于这里。

② Pages from Republic of Vietnam Central Pacification and Development Council, 0440308001, *The Virtual Vietnam Archive*, Texas Tech University.

③ Lost Victory Drafts, pp.18 – 19, July 26, 1985, 0440610001, *The Virtual Vietnam Archive*, Texas Tech University.

到"反叛乱"项目中。1969年9月达到最高峰,顾问人数达到7601人。[①] 故"凤凰计划"的顾问培训课程也进行了相应的改革,美国开始在本土培训"凤凰计划"顾问。

1969年10月15日,一份"凤凰计划"的备忘录被发给"凤凰计划"美方的工作人员,内容是同时在越南和马里兰培训"凤凰计划"顾问。[②] 1969年,陆军部人事管理与培训部(Department of the Army personnel management and traning agency)承诺会提前确定"凤凰计划"顾问人选,并让他们在美国本土进行为期15周的培训(包括180个小时的越南语培训)。[③]

南越也积极培养"凤凰计划"项目人员。因为美国在

[①] Dale Andrade and Lieutenant Colonel James H. Willbanks, "CORDS/Phoenix: Counterinsurgency Lessons from Vietnam for the Future", *Military Review*, March–April 2006, p.16.

[②] Colby Statement on Phoenix Program, March 1970, 0440229009, *The Virtual Vietnam Archive*, Texas Tech University.

[③] Phoenix 1969 End of Year Report, February 28, 1970, p.7, Vietnam War Ⅱ, 1969–1975, *Digital National Security Archive* (DNSA), Proquest Group, Inc.

援助资金的衔接上存在问题,所以后来每个战区的"凤凰计划"学校由国家警察负责提供场地和设施。南越每个战区都有"凤凰计划"学校,省级情报和行动协调中心与区县级行动和情报协调中心工作人员的培训在其相应战区内的"凤凰计划"学校进行。[①] 南越还邀请美国联邦调查局(FBI)的2位官员到南越,让他们对"凤凰计划"提出改进意见。[②]

与培训改革相关联的是翻译人员的培训改革。由于美国顾问语言不通,需要越南语翻译,而受过英语教育的越南人不愿意离开城市去乡下工作。此外,1969年12月,南越当局发布法令动员所有合适的翻译都参军,这样就造成了翻译人员的缺乏。解决的方法是从当地招聘合适的人员(妇女和超过征兵年龄的男性比较合适),送到

[①] Phung Hoang Advisor Handbook, p.19, November 20, 1970, 1370406001, *The Virtual Vietnam Archive*, Texas Tech University.
[②] Report—A Solution Was at Hand: Phoenix / Phung Hoang and the Attack on the Viet Cong Infrastructure, p.74, December 11, 1989, 8850608001, *The Virtual Vietnam Archive*, Texas Tech University.

西贡进行培训,在经过32—56周的培训后,他们也愿意回到家乡工作。[①]

综上所述,因为尼克松的《国家安全研究备忘录第1号》提到了"凤凰计划",所以各部门对"凤凰计划"讨论时做出了改革的提议。南越在实施"凤凰计划"过程中也确实面临着棘手的问题,需要进行改革。以此为契机,南越开始了对"凤凰计划"的改革。

第三节 第一次"越南化"政策及其失败

一、尼克松的战争"越南化"政策

几乎在"凤凰计划"改革的同时,美国开始计划从越

---

① Report, Civil Operations and Rural Development Support—Phung Hoang (PHOENIX) End of Year Report, pp. 10 - 11, February 28, 1970, F015800290603, *The Virtual Vietnam Archive*, Texas Tech University.

南撤军,打算有序降低参与越战的程度。为此,尼克松提出了战争"越南化"政策。

1969年3月28日,尼克松召开国家安全委员会会议,提出希望实现战争降级及"去美国化"一说。罗杰斯担心巴黎谈判失败,所以认为必须将战争"去美国化"。时任驻越军援司令部副司令古德帕斯特(Andrew J. Goodpaster)认为,事实上美国已经接近战争"去美国化"了,只是还没有做出决策而已。莱尔德表示不能使用"去美国化"这个表述,"越南化"才是正确的表述,得到了尼克松的认同。[1]

在确定了战争"越南化"的基本原则之后,1969年4月10日,尼克松发布了《国家安全研究备忘录第36号》。尼克松要求制定"越南化"时间表,由国防部部长负责总体计划和实施进程,由国务卿和中情局局长协调实施。

---

[1] Minutes of National Security Council Meeting, March 28, 1969, *Foreign Relations of the United States*, Vietnam, 1969-1976, Volume Ⅵ, p.176.

"越南化"计划涵盖了所有的军事行动、准军事行动和民事行动,也包括战斗部队、支援部队、顾问和所有设备的"越南化"方案。如果战争继续进行的话,美国将转移战争责任给南越当局,而美国将扮演辅助支持的角色。"越南化"开始的日期为1969年7月1日,6月1日前要提交前六个月(1969年7月1日—12月31日)的计划报告。①

基辛格于6月1日给邦克发去密报,征求邦克的意见。美国政府面对公众的压力,想早日发布撤军公告——在尼克松和阮文绍即将举行的中途岛会议(Midway Meeting)中关于撤军问题发布一个简短的美、南越联合公告,会议结束时,再发布撤军和战争"越南化"

---

① National Security Study Memorandum 36, April 10, 1969, *Foreign Relations of the United States*, Vietnam, 1969 - 1976, Volume Ⅵ, pp.195 - 196.

的正式联合声明。① 也就是说,尼克松和基辛格想把撤军作为战争"越南化"的第一步。

1969年6月4日,基辛格回复尼克松:阮文绍同意南越军队"现代化"及在1969年撤出部分美军。尼克松再次强调,南越在战争"越南化"过程中要积极,要有紧迫感。②

在中途岛会议之前,1969年6月7日,莱尔德为尼克松准备了一份关于"越南化"问题的简报。6月8日,尼克松与阮文绍举行中途岛会议。在中途岛会议上,美国军方接受了撤回25000名美军的决定。③

---

① Backchannel Message from the President's Assistant for National Security Affairs (Kissinger) to the Ambassador to Vietnam (Bunker), June 1, 1969, *Foreign Relations of the United States*, Vietnam, 1969-1976, Volume Ⅵ, pp.237-238.
② Memorandum from the President's Assistant for National Security Affairs (Kissinger) to President Nixon, June 4, 1969, *Foreign Relations of the United States*, Vietnam, 1969-1976, Volume Ⅵ, pp.243-246.
③ Editorial Note, *Foreign Relations of the United States*, Vietnam, 1969-1976, Volume Ⅵ, p.247.

1969年6月23日,莱尔德提交了"越南化"纲要计划。主要涵盖两个方面:第一,1969年7月1日至1969年12月31日美国的撤军方案;第二,长期"越南化"的计划。纲要规定美国可以在18个月至42个月的时间内撤军,但莱尔德担心即使是在42个月的时间里撤出29万美军,也可能会导致"反叛乱"进程的中断。如果没有北越的同时撤军,那么美军的快速撤离会导致一系列的"反叛乱"问题,甚至导致南越政权崩溃。鉴于南越在承担战争负担方面没有进展,以及南越军队不可能很快独自对抗北越的整体情况,美国要分阶段逐步撤军。第一次撤军的数量不能超过25000人,经过评估后,再进行下一步撤军,逐步把战争责任移交给南越当局。①

"越南化"包括"凤凰计划"项目,当然也包括临时侦

---

① Memorandum fom the President's Assistant for National Security Affairs (Kissinger) to President Nixon, June 23, 1969, *Foreign Relations of the United States*, Vietnam, 1969-1976, Volume Ⅵ, p. 262.

察部队项目。"303委员会"①让临时侦察部队项目的"越南化"继续有序进行,希望南越当局在合适的时候能吸收这些单位。②

二、在印度支那的军事升级

美国担心过快实施"越南化"及撤军可能会动摇阮文绍政府的统治,且北越的撤军仅是撤到了老挝和柬埔寨;"越南化"的影响本来就需要时日才能看出来,而北越在老挝和柬埔寨的活动又给南越的"反叛乱"带来了极大的困难。故美国战争"越南化"的最大障碍是南越的"反叛乱"问题,而南越"反叛乱"的最大障碍是北越在老挝和柬埔寨的渗透活动。美国对越政策的落脚点便又暂时落在

---

① 肯尼迪在1962年1月18日成立了一个"反叛乱"特别小组。该特别小组帮助南越实施"反叛乱"行动,制定"反叛乱"政策,旨在防止颠覆性"叛乱"的发生。1964年6月2日,邦迪等人将特别小组更名为"303委员会",但并未改变其组成和职责。
② Memorandum for the 303 Committee, December 11, 1969, *Foreign Relations of the United States*, Vietnam, 1969 – 1976, Volume Ⅵ, pp.510 – 514.

了老挝、柬埔寨上。

为了防止北越和越南南方民族解放阵线通过柬埔寨运输物资,美国计划对柬埔寨实施空中和海上军事封锁。基辛格认为最有效的方法是在柬埔寨进行持续的、先发制人的地面和空中作战行动。参联会遂着手制订具体的柬埔寨军事行动清单,且这项清单不受国安会审查。[①] 这份清单的基本目标是让北越军队从柬埔寨撤回北越,不让柬埔寨成为北越攻击南越的基地。

1969年4月22日,尼克松再一次下令让B-52轰炸机打击在柬埔寨的目标。"在五月间下令轰炸柬埔寨其他一系列无人居住且位于距边境五英里之内的基地地区……从一九六九年四月到八月初,袭击一直是断断续续的;每一次都得到白宫的特别批准。后来被授权定期

---

① Memorandum from the President's Assistant for National Security Affairs (Kissinger) to President Nixon, March 25, 1969, *Foreign Relations of the United States*, Vietnam, 1969 – 1976, Volume Ⅵ, pp. 152 -154.

进行轰炸。"① 这一系列轰炸行动被称作"菜单"行动。因尼克松担心引起舆论的反对,所以轰炸是秘密进行的。

北越通过外交手段反击美、南越。在美国对柬埔寨境内的北越庇护所疯狂轰炸的时候,北越与梭发那·富马谈判,希望能够限制美国的轰炸,继续通过老挝进入南越、柬埔寨和泰国。② 不过并没有如愿。

尼克松政府认为 1969 年北越在老挝的渗透规律与以往不同,打破了在胡志明小道活动的周期性。雨季到来已经几周了,但是北越的袭击并没有停止。为此,梭发那·富马要求美国实施强烈的空袭。③

1969 年 7 月底,尼克松出访南越。阮文绍表示,如

---

① [美]亨利·基辛格著,陈瑶华、方辉盛、赵仲强等译:《白宫岁月——基辛格回忆录》第一册,北京:世界知识出版社,1980 年,第 325—326 页。
② Memorandum from the President's Assistant for National Security Affairs (Kissinger) to President Nixon, June 13, 1969, *Foreign Relations of the United States*, Vietnam, 1969 - 1976, Volume Ⅵ, p.261.
③ Memorandum from Director of Central Intelligence Helms to President Nixon, July 18, 1969, *Foreign Relations of the United States*, Vietnam, 1969 - 1976, Volume Ⅵ, pp.305 - 307.

果北越留在老挝和柬埔寨,南越将无法实现永久和平,毕竟控制一千英里的边界是不可能的。尼克松对老挝局势恶化也感到担忧,向阮文绍询问应对之策。阮文绍给出的应对措施是加大轰炸力度。①

可是尼克松政府内部出现了不愿处理老挝问题的看法。到了9月初,基辛格建议向老挝提供更多的军事援助,并指示国防部立即着手实施。基辛格建议向老挝提供M-16步枪,把在泰国的T-28飞机转移到老挝,确认是否可以部署C-47和C-130武装直升机,检查对老挝的后勤和弹药支援是否充分,向关键地点增加炮兵支援,完善侦察能力,向老挝北部提供无线电设备。② 基辛格还建议尼克松要保持撤军的灵活性,一旦北越威胁到

---

① Memorandum of Conversation, July 30, 1969, *Foreign Relations of the United States*, Vietnam, 1969-1976, Volume Ⅵ, pp.321-326.
② Memorandum from the President's Assistant for National Security Affairs (Kissinger) to President Nixon, September 2, 1969, *Foreign Relations of the United States*, Vietnam, 1969-1976, Volume Ⅵ, pp.353-356.

南越,或者巴黎谈判没有进展,美国将需要保留剩余的地面部队,并可能需要补充空军和海军部队,以便进行战争升级。① 简而言之,撤军不能有时间表限制。

在撤军不能有时间表限制的"越南化"方针确定下来后,尼克松政府对老挝政策进行了规划。1969年9月29日,特别行动小组会议针对老挝的情况形成了两份文件。第一,为了应对共产党的进攻,优先制订一个短期的应急计划。第二,国安会或政府工作组将再提供一个长期计划。基辛格在会上特别提出,总统对老挝局势很忧虑,正在寻求稳定局势的措施。老挝局势直接关系着巴黎谈判和泰国的安全。迄今为止,其他解决方案不是太管用。由于最近马上要进入旱季了,北越部队又进入了老挝,所以需要制订一个短期应急计划,而且应该寻找更强硬的解决方案,必须评估在老挝使用B-52轰炸机实施打击

---

① Memorandum from the President's Assistant for National Security Affairs (Kissinger) to President Nixon, September 11, 1969, *Foreign Relations of the United States*, Vietnam, 1969 - 1976, Volume Ⅵ, pp.376 - 390.

这一方案。①

可是国安会对于上述政策持怀疑态度。国安会工作人员温斯顿·洛德(Winston Lord)向基辛格提出,北越的渗透率取决于北越的政策,而不是美国的轰炸,故美国可以首先向北越和苏联施加外交压力。如果外交失败,再向皇家老挝政府提供经济或军事(非作战人员)援助。"我们应遵守'关岛主义'原则,不能采取更大的行动去维护老挝的独立。"②同一天,副国务卿约翰逊(U. Alexis Johnson)也否决了使用 B-52 轰炸机对老挝进行轰炸的要求。③虽然老挝希望获得美国的公开支持,但尼克松

---

① Minutes of Washington Special Actions Group Meeting, September 29, 1969, *Foreign Relations of the United States*, Vietnam, 1969 – 1976, Volume Ⅵ, pp.413 – 415.

② Memorandum from Winston Lord of the Planning Staff of the National Security Council to the President's Assistant for National Security Affairs (Kissinger), October 6, 1969, *Foreign Relations of the United States*, Vietnam, 1969 – 1976, Volume Ⅵ, pp.424 – 432.

③ Minutes of Washington Special Actions Group Meeting, October 6, 1969, *Foreign Relations of the United States*, Vietnam, 1969 – 1976, Volume Ⅵ, pp.433 – 439.

怕遭到舆论批评而顾虑重重。最后,尼克松勉强同意帮助老挝,当老挝受到外部势力威胁(仅指受到违反日内瓦协议的北越军队的袭扰)时,美国会不时提供空中支援。①

1969年9月,人民革命党第二次代表大会指出,"凤凰计划"和"反叛乱"项目给越南南方民族解放阵线造成了极大的威胁。越南南方民族解放阵线被逮捕的成员多,征召入伍的少。② 北越急需从越老、越柬边境的胡志明小道向南越进行物资和人员的补给。

1970年1月底,北越军队开始在查尔平原集结。"二月十二日,担心已久的北越攻势终于在查尔平原开始。到二月十六日,北越和巴特寮部队已将政府军队逐出控制查尔平原通道的大多数高地。二月十七日—十八

---

① Memorandum of Conversation, October 7, 1969, *Foreign Relations of the United States*, Vietnam, 1969-1976, Volume Ⅵ, pp. 443-446.
② Phung Hoang: 1970 End of Year Report, pp. 43-47, May 11, 1971, *Digital National Security Archive*(DNSA), Proquest Group, Inc.

日晚,三架B-52进行了轰炸。"① 在老挝的战争升级了。

此时,美国对柬埔寨的秘密轰炸早已常态化。对柬埔寨进行轰炸的"菜单"行动的报告都要定期送给总统。1969年11月,尼克松在其中一份报告上批复"继续干",1969年12月和1970年2月,尼克松还要求评估"菜单"行动的效果。②

1970年3月18日,柬埔寨朗诺发动政变。朗诺政权同意尼克松政府大规模使用B-52轰炸机对柬埔寨进行轰炸。尼克松还打算向柬埔寨朗诺政权提供援助,而且批准了中情局在柬埔寨针对北越的准军事行动。

1970年3月31日,莱尔德与总统见面讨论柬埔寨问题。莱尔德表示,如果轰炸在6月30日之后继续保持现有水平,那么1971财年的国防预算还需要再增加10

---

① [美]亨利·基辛格著,吴继淦、张维、李朝增译:《白宫岁月——基辛格回忆录》第二册,北京:世界知识出版社,1980年,第24页。
② [美]亨利·基辛格著,陈瑶华、方辉盛、赵仲强等译:《白宫岁月——基辛格回忆录》第一册,北京:世界知识出版社,1980年,第326页。

图 4-2 朗诺发表演讲

(图片来源:https://m.baidu.com/sf_bk/item/朗诺/1228190?fr=kg_general&ms=1&rid=10813615591049175084)

亿美元。尼克松回应,对东南亚所需的东西美国绝不会吝啬。[1] 而且为了实施在柬埔寨的军事行动,军方建议推迟4月15日后的撤军行动。[2] 尼克松政府升级了在印

---

[1] Memorandum from the Senior Military Assistant (Haig) to the President's Assistant for National Security Affairs (Kissinger), April 1, 1970, *Foreign Relations of the United States*, Vietnam, 1969-1976, Volume Ⅵ, pp.748-749.

[2] Memorandum from the Senior Military Assistant (Haig) to the President's Assistant for National Security Affairs (Kissinger), April 3, 1970, *Foreign Relations of the United States*, Vietnam, 1969-1976, Volume Ⅵ, pp.753-756.

度支那的军事行动。

三、第一次"越南化"政策的失败

"越南化"政策的内涵是限制美国在战斗支援、顾问咨询等方面的作用,逐步减少美国对越南事务的干涉。但美国为了帮助南越进行"反叛乱",拖延撤军步伐,升级在印度支那的战争,这严重削弱了"越南化"计划的基础。[①] 此外,1969财年美国给予"凤凰计划"更大的援助。到1969年年底,美国在南越已有6500名军事顾问和1000名民事顾问。[②] 对南越"反叛乱"项目增加援助也是尼克松第一次"越南化"政策失败的一个原因。

然而美国对"越南化"进程的评估是,"越南化"进程稳步发展,南越正在承担更多的战争责任。故在1969年7月25日,尼克松提出了"关岛主义"。这标志着美国不仅要

[①] 赵学功:《略论尼克松政府的越南战争政策》,《东南亚研究》2003年第4期,第15页。

[②] Ralph William Johnson, "Phoenix/Phung Hoang: A Study of Wartime Intelligence Management", The American University, Ph.D. 1982, p.146.

从越南撤出,还要从亚洲收缩。"1969年11月3日,尼克松明确提出'尼克松主义',将战略收缩从亚洲扩展到全球。"①上述举措意味着尼克松公开宣布并强调了越战"越南化"。

南越的实际情况并非和美国的评估结果一致。从1969年12月南越的实际情况来看,一些越南记者甚至中下级军官都认为南越不能抵挡北越的大规模入侵。很多南越官员也持相同的观点,但是不敢公开表明,因为宣说战败论会丢掉饭碗。②

尼克松与基辛格也从在越南工作的中层官员那里了解到了一些比较真实的情况。1969年12月19日,国家安全委员会主管东亚事务的工作人员霍尔德里奇(John

---

① 陈静静、陈铭:《中国因素对美国琉球政策的影响研究(1945—1969)》,《史林》2018年第5期,第186页。
② Vietnam: December 1969—A Staff Report Prepared for the Use of the Committee on Foreign Relations, United States Senate, pp. 10 – 12, February 02, 1970, 2390706003, *The Virtual Vietnam Archive*, Texas Tech University.

H. Holdridge)与回美国休假的布姆加德纳(Bumgardner)[①]进行会谈。布姆加德纳评论了越南的状况,提到"凤凰计划"运行得并不好,有时候甚至起到适得其反的作用。[②] 霍尔德里奇把这次的谈话内容以备忘录的形式汇报给了基辛格。1969年12月22日,负责南越第四战区"反叛乱"工作的约翰·范恩(John Paul Vann)见到了基辛格和尼克松。他凭借在越南的几年工作经验,大胆地表达了他的看法,"最主要的威胁还是越南南方民族解放阵线对南越造成的内部安全威胁及政治问题"。[③] 虽然这次会见比较随意,但范恩自己做了会议备忘录。这

[①] 布姆加德纳任职于"民事行动与革命发展计划"项目,是科尔比的三个高级顾问之一。

[②] Comments by Everett Bumgardner of CORDS on Conditions in Vietnam, December 22, 1969, p. 3, Vietnam War Ⅱ, 1969 - 1975, *Digital National Security Archive* (*DNSA*), Proquest Group, Inc.

[③] Record of Meeting with Dr. Henry Kissinger and President Nixon, December 22, 1969, p.2, Kissinger Conversations: Supplement I, 1969 - 1977, *Digital National Security Archive* (*DNSA*), Proquest Group, Inc.

个行为还遭到了质疑,国安会工作人员向基辛格汇报了此份备忘录的存在,并把备忘录又送给了基辛格一份。

1970年1月底,中情局对战争"越南化"情况做了评估。南越军方对"越南化"持悲观态度,而且随着南越军队战斗负荷的增加,悲观情绪有所增加。[①] 这说明"越南化"政策是失败的,增强南越军队的实力以及让南越承担更多战争责任的政策规划没有实现。而且为了追求"越南化"政策,美、南越疯狂设立镇压机器,使用化学武器,造成"凤凰计划"更加血腥。南越有的村庄整个被夷为平地,人民

---

① Memorandum from the President's Assistant for National Security Affairs (Kissinger) to President Nixon, January 31, 1970, *Foreign Relations of the United States*, Vietnam, 1969 – 1976, Volume Ⅵ, pp.555 – 557.

被赶进集中营。① 南越当局广泛使用酷刑,对学生、工人、农民、妇女和孩子等爱国者和同情共产党的人士也是如此。美国顾问参与审讯工作才是更为荒唐的事。科尔比在国会亲口承认,美国顾问经常参加审讯环节的工作。②不仅刑讯逼供,在审讯越南南方民族解放阵线基层组织成员时审讯者还会使用欺诈的技巧,通常告诉对方,如果他能告知其所掌握的一切信息,就会释放他,但最后都会将

---

① Press Conference: PRG in The New Statement,"Elaborates" on "Two Key Problems" of Their July 1971 Seven Point Solution, p.1, February 02, 1972, 2301404002, *The Virtual Vietnam Archive*, Texas Tech University. 在南越建立的镇压机器包括军队、警察、特务、间谍、集中营、监狱等等。以监狱为例,由于南越监狱里人数激增,所以监狱里拥挤异常,空间严重不足,南越便出现了老虎笼这种关押方式。一直到1971年,昆山监狱都没有取消老虎笼,相反还在继续建设。在1970—1971财年,美国投入172000美元,在昆山监狱建造了4065个老虎笼;而且还建设了3个独立关押区,每个区有96个老虎笼。其结果是监狱中饮食医疗条件很差,犯人死亡率很高。据不完全统计,富国岛(Phu Quoc Island)椰树监狱(Cay Dua Prison)中有9%的人死亡、15%的人被折磨致残。
② The Phoenix Program, May 1974, 2122905005, *The Virtual Vietnam Archive*, Texas Tech University.

他们杀死。"凤凰计划"就是暗杀项目①,故"凤凰计划"争取越南人民改善对美国印象的目标也没有实现。至此,尼克松的第一次"越南化"政策失败了。

1970年2月中旬,莱尔德再次到访南越,他终于委婉地承认"越南化"政策在某些方面存在不足。"尽管去年'越南化'取得了令人瞩目的成就,但在某些方面几乎没有开始行动。"莱尔德把"越南化"政策失败的原因归结为四点:一、美国减少了国家安全预算,限制在东南亚的行动。二、从军事角度看,南越军人及其家属的生活水平、武器数量,以及南越政权的领导力都不理想。三、从非军事方面看,各项进展也不积极。南越新闻界对"越南化"持怀疑态度,并对"越南化"进行歪曲报道。四、经济规划方面存在明显的缺陷,应该成立一个跨部门经济小

---

① Report on the Situation in the Republic of Vietnam, Hearing before the Subcommittee on Asian and Pacific Affairs of the Committee on Foreign Affairs, House of Representatives, p. 48, July 31, 1974, 2122808010, *The Virtual Vietnam Archive*, Texas Tech University.

组协调南越经济领域的行动。[1]

1970年3月底,尼克松不甘心失败,加大了对柬埔寨的轰炸。因为B-52轰炸机对柬埔寨的轰炸关乎"越南化"政策的成功与否。[2] 美国对胡志明小道的轰炸力度成倍增加,由1967—1968年旱季的每月5700次增加到1970年的每月1万次。但1970年北越通过老挝渗透的物资远远多于1969年。[3] 1970年4月4日,莱尔德承认第一次"越南化"是一场闹剧。[4] 美国为此付出了高昂的代价,剩余美军还在很大程度上卷入了越南事务。

---

[1] Memorandum from Secretary of Defense Laird to President Nixon, February 17, 1970, *Foreign Relations of the United States*, Vietnam, 1969-1976, Volume Ⅵ, pp.579-593.

[2] Memorandum from the President's Assistant for National Security Affairs (Kissinger) to President Nixon, March 27, 1970, *Foreign Relations of the United States*, Vietnam, 1969-1976, Volume Ⅵ, p.741.

[3] Memorandum from Secretary of Defense Laird to President Nixon, April 4, 1970, *Foreign Relations of the United States*, Vietnam, 1969-1976, Volume Ⅵ, pp.757-767.

[4] Memorandum from Secretary of Defense Laird to President Nixon, April 4, 1970, *Foreign Relations of the United States*, Vietnam, 1969-1976, Volume Ⅵ, note ①.

"越南化"政策造成了更多越南人民的死亡,实质上是比较残忍的政策。而北越和南越之间同胞手足之间互相残杀又破坏了越南社会的结构,南越当局也失去了民心。虽然第一次"越南化"政策失败了,但是美国也看到了"越南化"政策带来的利益。北越归降者的比率有所上升,越南部队(包括民兵)的作战效力也在提高。① 有数据显示,到1969年12月,民兵的人数比春节攻势之前增加了50%。② 美国相信,假以时日南越一定能担负起更大的责任,故尼克松政府从"越南化"政策带来的利益中又看到了"越南化"政策继续实施的前景。而南越作为一个小国,在中美苏三个大国在东南亚、东亚博弈的情况下,则寻求生存的机会。

---

① Memorandum from the Chairman of the Joint Chiefs of Staff (Wheeler) to Secretary of Defense Laird, March 12, 1969, *Foreign Relations of the United States*, Vietnam, 1969 - 1976, Volume Ⅵ, p.106.

② Vietnam: December 1969—A Staff Report Prepared for the Use of the Committee on Foreign Relations, United States Senate, p.8, February 02, 1970, 2390706003, *The Virtual Vietnam Archive*, Texas Tech University.

V

第五章

尼克松中后期"反叛乱"的转型及"凤凰计划"的衰落

20世纪60年代后期,世界格局有了很大的变动,开始出现多极化趋势。美国的影响力相对下降,美苏争夺态势是苏攻美守。

1969年,勃兰特(Willy Brandt)出任联邦德国总理,实行"新东方"政策,改善了联邦德国与东欧和苏联的关系。在一定程度上,西方大国也参与了"新东方"政策的实施。尤其是《西柏林协定》的签署,不仅促进了柏林问题的解决,也为欧安会的召开扫除了障碍。上述举措推动了欧洲一体化进程。

1969年3月,珍宝岛事件发生。珍宝岛事件极大地改变了中苏、中美、美苏之间的外交关系格局。此前,中美关系已经处于试探期,珍宝岛事件加速了美国对华政策的调整。故在亚洲,美国面临着与中国建交、向日本移交琉球施政权等从亚洲收缩的任务。

1970年4月初,美国在印度支那的战争已经升级。第一轮巴黎谈判刚刚以失败告终,南越的"反叛乱"也依然没有起色。美国开始寻找替代方案,即升级"反叛乱"

战略,让"反叛乱""越南化"。这意味着继军事上"越南化"之后,"反叛乱"项目在政治上也开始了"越南化"进程。

第一节 第二次"越南化"政策: "反叛乱"的"越南化"

一、对"反叛乱"的反思及第二次"越南化"的开始

关于"越南化"政策,美国内部出现了三派:以罗杰斯为代表的国务院,以莱尔德为代表的国防部,以基辛格为代表的国安会。随着美军的撤出,美国在南越的军事力量削弱。到1970年4月中旬,美军已撤出115000人。[①]而且如基辛格所言,"大家都想从撤军计划中捞一点功

---

① Memorandum from Secretary of Defense Laird to President Nixon, April 4, 1970, *Foreign Relations of the United States*, Vietnam, 1969–1976, Volume Ⅵ, pp.757–767.

劳；谁也不愿为撤军可能带来的失利或失败受到责难。立此存照的备忘录数量激增"。① 故美国更看重"反叛乱"项目，而不是军事行动。

这从莱尔德给尼克松的备忘录中可以看出端倪。莱尔德认为单靠军事行动不能解决"反叛乱"问题，有效解决"反叛乱"问题需要加强警察部队建设、进行土地改革、安置难民、发展经济等措施。南越政权仍然不稳定，没有能力应对政治挑战，如"凤凰计划"进展不大。② 国安会工作人员黑格(Alexander Meigs Haig, Jr.)也曾将这份备忘录发给基辛格，黑格语带嘲讽地评论道："总统在看这份备忘录的时候，一定会反问自己：'莱尔德这几个月

---

① ［美］亨利·基辛格著，吴继淦、张维、李朝增译：《白宫岁月——基辛格回忆录》第二册，北京：世界知识出版社，1980年，第53页。
② Memorandum from Secretary of Defense Laird to President Nixon, April 4, 1970, *Foreign Relations of the United States*, Vietnam, 1969-1976, Volume Ⅵ, p.761.

究竟在干什么?'"① 由此可以看出尼克松政府内部关于"越南化"政策的分歧与斗争。

尼克松政府需要迅速解决政府内部观点相互矛盾的问题。最终,尼克松还是认可了莱尔德的观点——不能单纯依靠军事行动,而是要重视政治和经济在"反叛乱"中的作用。这在尼克松的越战回忆录中也得到了证实,尼克松认为美国"以前制定的摧毁北越正规军的目标此时已从属于为地方——无论是白天还是夜晚——提供安全保障和消灭共产党基层组织的目标。我们采取的下一个步骤是政治和经济的"。② 由此,政治和经济因素成了第二次"越南化"政策的关键。为此,尼克松做了如下几项准备。

首先,第一次"越南化"阶段的撤军行动对南越的政

---

① Memorandum from Secretary of Defense Laird to President Nixon, April 4, 1970, *Foreign Relations of the United States*, Vietnam, 1969-1976, Volume Ⅵ, note ①.
② [美]尼克松著,王绍仁、吴明、王为译:《不再有越战》,北京:世界知识出版社,1999年,第156页。

图 5-1　莱尔德（左）、尼克松（中）与基辛格（右）
（图片来源：https://www.douban.com/note/535926313/）

治和经济都带来了不小的影响。随着美军的离开，南越不再有大量消费品需求，刺激南越经济增长的外部因素消失了，这在很大程度上导致了南越经济的衰退。而且持续不断的撤军肯定会扰乱"反叛乱"进程。艾布拉姆斯建议，6月15日之前暂停撤军。① 在经过一系列官僚政治斗争后，尼克松决定，"一九七一年春季结束以前撤出

---

① Memorandum from the President's Assistant for National Security Affairs (Kissinger) to President Nixon, April 16, 1970, *Foreign Relations of the United States*, Vietnam, 1969 – 1976, Volume Ⅵ, pp. 824 -826.

十五万人,其中六万人一九七〇年撤出,其余九万人一九七一年撤出。在一九七〇年的人数中,大部分要在八月一日以后撤出"。① 总之,尼克松暂缓了撤军的步伐。

其次,为第二次"越南化"腾出时间。柬埔寨的形势让美国开始重新审视"越南化"进程。美国怕北越在柬埔寨建立共产党政权,而如果柬埔寨陷落,战争"越南化"就不可能实现。故柬埔寨的形势必将延长美国参与越南事务的时间。② 1970年4月24日,尼克松召集参联会代理主席穆勒(Thomas H. Moorer)和中情局局长赫尔姆斯开会,讨论美国和南越联合行动袭击鹦鹉嘴地区。穆勒和赫尔姆斯强烈赞同联合行动,相信这会为"越南化"腾出时间。③ 为了使"越南化"继续,尼克松也继续向柬埔

---

① [美]亨利·基辛格著,吴继淦、张维、李朝增译:《白宫岁月——基辛格回忆录》第二册,北京:世界知识出版社,1980年,第58页。
② Memorandum from the President's Assistant for National Security Affairs (Kissinger) to President Nixon, *Foreign Relations of the United States*, Vietnam, 1969-1976, Volume Ⅵ, pp.863-867.
③ Editorial Note, *Foreign Relations of the United States*, Vietnam, 1969-1976, Volume Ⅵ, pp.867-869.

寨提供军事援助。1970年4月30日,尼克松向柬埔寨派遣部队,为南越"反叛乱"争取时间。

最后,为了不引起国内民众的反对,在1970年5月1日,尼克松向"民事行动与革命发展计划"派遣了13名外交官员,旨在对外展示其对非军事项目的重视。[①] 尼克松在这些外交官员出发前会见了他们,作秀成分十足,向公众展示了其对非军事项目的重视。此外,尼克松还要求特派团评估越南南方民族解放阵线的情况、南越当局的领导力、土地改革情况和经济援助情况,并向南越派遣经济研究小组。

在做了上述一系列准备后,尼克松决定在1970年下半年重振"反叛乱"项目。因为要应对南越的政治、经济问题,要在柬埔寨实施轰炸行动,还需要花精力应对老兵的不满和学生的示威运动,所以1970年前半年的"反叛

[①] Meeting with President for Foreign Service Officers Leaving for Vietnam on May 1, April 28, 1970, Vietnam War Ⅱ, 1969 - 1975, *Digital National Security Archive* (*DNSA*), Proquest Group, Inc.

乱"成果不尽如人意。故尼克松下令下半年开展特殊的"反叛乱"项目,即尽量让"反叛乱"项目"越南化",让阮文绍把更多的精力放在"反叛乱"项目上。[①] 这是尼克松第二次"越南化"的尝试,这次明确提出了让"反叛乱"项目"越南化",从7月1日开始实施,到10月31日停止。自此,"反叛乱"项目在政治上也开始了"越南化"的进程。

为了完成1970年的"反叛乱"目标,阮文绍意识到要把更多的精力放在"反叛乱"项目上。阮文绍宣布重新进行"反叛乱"努力,表示在6月30日之后尽最大努力进行"反叛乱"。[②] 美国建议南越政权不要把军队的精力放在

---

① Memorandum from Secretary of Defense Laird to the President's Assistant for National Security Affairs (Kissinger), September 3, 1970, *Foreign Relations of the United States*, Vietnam, 1969 – 1976, Volume Ⅷ, pp.66 – 67.
② Memorandum from the President's Assistant for National Security Affairs (Kissinger) to President Nixon, May 26, 1970, *Foreign Relations of the United States*, Vietnam, 1969 – 1976, Volume Ⅵ, pp.1010 – 1011.

攻击边境地区的北越军队上,而是要转向内部,清除自身问题,[1]这有助于继续推进"越南化"和"反叛乱"的势头,并保持南越当局的信心。

1970年7月1日,阮文绍发布总统令,宣布南越开展特别"反叛乱"项目,争取到1970年10月31日完成目标。阮文绍、军队领导和各省省长都参与指导这个项目。此项目的重点是解决南越内部问题,故难点在于难民区的社会和经济问题、退伍军人问题、通货膨胀问题、学生运动问题等,而且这些问题都在短时间内无法得到解决。[2]

---

[1] Memorandum of Conversation, May 31, 1970, *Foreign Relations of the United States*, Vietnam, 1969 – 1976, Volume Ⅵ, pp. 1016 – 1028.

[2] Memorandum from Secretary of Defense Laird to the President's Assistant for National Security Affairs (Kissinger), September 3, 1970, *Foreign Relations of the United States*, Vietnam, 1969 – 1976, Volume Ⅶ, pp. 66 – 67.

二、"凤凰计划"的"越南化"

在"凤凰计划"发起之时,约翰逊政府就提出了"凤凰计划""越南化",但当时基本只是喊口号。在尼克松第一次"越南化"政策时期,虽然"凤凰计划"也在"越南化"之列,但不是重点(当时的侧重点是撤军)。第二次"越南化"政策明确提出让"反叛乱""越南化"。在此背景下,"凤凰计划"也非常明确地展示了其"越南化"的过程。

"凤凰计划"的"越南化"首先体现在名字的改变上。科尔比在1970年"凤凰计划"报告中写道:"凤凰计划"统一用越南语PHUNG HOANG的目的是鼓励其进一步"越南化",与之前的形象割裂,强调"凤凰计划"是南越当局的项目,美国只是协助南越当局。[①] 科尔比开始淡化美国在"凤凰计划"中的作用。

[①] Phung Hoang 1970 End of Year Report, May 11, 1971, p.IV, Vietnam War II, 1969-1975, *Digital National Security Archive* (DNSA), Proquest Group, Inc.

南越当局全力响应美国的"反叛乱""越南化"政策。1970年南越用上所有媒体手段加大宣传"凤凰计划",常用的手段有收音机广播、张贴广告、散发传单、拉横幅旗帜、喇叭广播和广播车广播;在有条件的地方使用报纸、电影和电视设备进行宣传。

1970年中期,南越印刷了25万份小册子在越南散发,以漫画的形式向民众解释"凤凰计划"。小册子也被翻译成山民的语言和柬埔寨语在少数民族地区散发。戏班还用小册子做剧本为不识字的民众演出宣传"凤凰计划"。有一部30分钟的电影,宣传"凤凰计划"如何保护民众不为"恐怖主义"所伤害,每个省都在电视上或者电影院放映。此外,南越还在境内张贴了150万份通缉告示,让民众报告越南南方民族解放阵线的位置和行动,旨在抓捕知名的越南南方民族解放阵线成员。有几个省,民众把信息投入当地邮筒就可以报告给警察了。为此,南越设置了奖励机制奖励提供信息的人。① "凤凰计划"打着保护人民不被"恐怖主义"伤害的旗号,让越来越多的南越民众知道了它的存在。

经过以上安排,"凤凰计划"效果显著。尤其在农村地区,因为更接近基层,所以能搜集到更多的信息。美国1970年的"凤凰计划"报告也证实了北越受到"凤凰计划"创伤的记载:

> 1970年6月,据一个归降者说,2年时间里人民革命党在朔庄省(Soc Trang Province)只招收到100个新人,但是却损失了1500人。1970年10月,一个归降的越南南方民族解放阵线税务官员证实:"凤凰计划"严重阻碍了越南南方民族解放阵线的行动,并打击了越南南方民族解放阵线的战斗力。1968年这个官员的收税额是70万越南盾,1969年收到

---

① Phung Hoang: 1970 End of Year Report, pp.26-28, May 11, 1971, *Digital National Security Archive*(*DNSA*), Proquest Group, Inc.

30万越南盾,1970年则一无所获。"凤凰计划"也切断了共产党个人之间以及个人与组织之间的联系。越南南方民族解放阵线干部不愿意出门,怕被指认出来。国家警察是消灭越南南方民族解放阵线最有效的工具。曾担任过巴黎和谈代表的何文楼(Ha Van Lau)在1970年11月说过,"'凤凰计划'狠狠地打击过北越"。

对此,在一些省份,北越开始反击"凤凰计划",监视区县级行动和情报协调中心以及村级行动和情报协调中心,认为"凤凰计划"的情报部门是最危险的部门。一个归降者也证实:1970年年初,在当时的定祥省(Dinh Tuong Province),越南南方民族解放阵线开展了为期36天的培训课程,旨在对付"凤凰计划"。[1]

---

[1] Phung Hoang: 1970 End of Year Report, pp.43-47, May 11, 1971, *Digital National Security Archive*(*DNSA*), Proquest Group, Inc.

"凤凰计划"在实施过程中也体现了"越南化"进程，南越当局正在考虑把"凤凰计划"纳入国家警察的管辖范围。1970年5月26日，南越总理发布069-SL/THOT/BDPT号令，宣布把"凤凰计划"纳入国家警察的管辖范围，国家承担其所有行动的开支。省级国家警察局长是省级情报和行动协调中心的首席副主席，省级情报和行动协调中心的部门领导也都来自警局。区县级警察局长负责区县级行动和情报协调中心，区县级行动和情报协调中心分支部门的工作也全部由县警局的职员负责。南越总理指示每个月要处理所逮捕共产党党员的2/3，只有经省安全委员会审判过的越南南方民族解放阵线基层组织成员才算被"无效化"，被杀或者投降的不在"无效化"范围内。内政部部长、国防部部长、革命发展部部长、"召回计划"部部长，以及总理办公室都要按照各自的职责遵守069-SL/TH.T/BDPT号令。① 上述举措主要是为了有足够的人手去实施"凤凰计划"。

在行政命令发布的60天内,国家警察指挥部总指挥负责完成"凤凰计划"中心和警察行动中心的合作工作。其他相关机构必须向执行"凤凰计划"任务的国家警察提供持续帮助,全国的"凤凰计划"都是由国家警察指挥部资助。② 此后,国家警察在"凤凰计划"中发挥主要作用。

国家警察和其他情报单位负责收集关于越南南方民族解放阵线的情报,核对档案,安排及批准行动。有些行动非常细小,如派遣一个警察骑着单车去逮捕共产党的

---

① Phoenix Program Weekly Report No. 12, June 15, 1970, 2121515002, *The Virtual Vietnam Archive*, Texas Tech University. 在这条注释中,出现了069-SL/THOT/BDPT号令和069-SL/TH.T/BDPT号令两个不同的形式,但实际是同一份法令。这份法令在"凤凰计划"顾问手册中的表述是069-SL/TH-T/BDPT(Phung Hoang Advisor Handbook, p.8, November 20, 1970, 1370406001, *The Virtual Vietnam Archive*, Texas Tech University.)。虽然形式不同,但都是1970年5月26日南越总理发布的法令,内容是把"凤凰计划"纳入国家警察的管辖范围。

② Decree of President Nguyen Van Thieu Regarding Organization of Phung Hoang Plan, pp.2-3, April 12, 1972, 0440230005, *The Virtual Vietnam Archive*, Texas Tech University.

收税员;有时又大到安排两三个营进行为期一周的全区扫荡。①

除了上述工作,国家警察还负责审讯中心的工作,他们在重要的地方设置了650个检查站,站岗盘问。如果有可疑的人就会送到审讯中心,如果情况紧急还可能当场击毙嫌疑人。警察还会搜查居民区,追捕逃兵役的人和叛徒。据顾问说,警察每个月逮捕14000名越南人,包括逃兵役者和叛徒。②

国家警察也包括特警,"凤凰计划"也以特警调查(SPIS)的名义实施。大概有14000名特警参与这个项目,他们受中情局和南越各省的监督。大约有100名美

---

① Publication from the Vietnam Council on Foreign Relations—The Armed Forces of the Republic of VietNam, pp.10-11, January 01, 1970, 2121506011, *The Virtual Vietnam Archive*, Texas Tech University.
② Pages from the Congressional Record (Senate), October 11, 1972: Aid to Thieu, October 11, 1972, 0440326013, *The Virtual Vietnam Archive*, Texas Tech University.

国顾问监督这个项目。① 特警的职责有两个：一是向"凤凰计划"提供关于越南南方民族解放阵线的情报；二是在"凤凰委员会"中设有代表，省一级战情室的部门负责人是特警，县级战情室的负责人是县特警警长。②

南越国家警察掌管"凤凰计划"后，1970 年在国家警察罪犯信息系统的基础上建设了"凤凰计划"管理信息系统（PHUNG HOANG Management Information System，简称 PHMIS）。这个系统不仅可以进行数据管理，还可以为行动提供数据，③是从越南南方民族解放阵线基层组织信息系统（Viet Cong Infrastructure Information System，简称 VCIIS）演变而来。越南南方民族解放阵

---

① VNA Notes UPI Report Continuation of Phoenix Program, January 09, 1975, 2132503016, *The Virtual Vietnam Archive*, Texas Tech University. 由此可知，"凤凰计划"重视并依赖数据。
② QUANG NAM PROVINCE-PHEONIX/PHUNG HOANG BRIEFING [WELLER PACIFICATION VIETNAM], November 01, 1970, 1201065048, *The Virtual Vietnam Archive*, Texas Tech University.
③ Phung Hoang：1970 End of Year Report, May 11, 1971, *Digital National Security Archive*(*DNSA*), Proquest Group, Inc.

线基层组织信息系统的作用是把对抗越南南方民族解放阵线的行动结果绘制成图表,主要由美国操作。在"越南化"进程中,这个系统显示出了局限性。因此,南越在7月份对这个系统进行了一系列改革,报告表格全部改为越南语,美国顾问只提供技术指导。南越还扩大了这个系统,改名为越南南方民族解放阵线基层组织清除与鉴别信息系统(Viet Cong Infrastructure Neutralization and Identification Information System,简称 VCIIIS)。后来为了体现出"越南化"的特点,又把 VCIIIS 改为"凤凰计划"管理信息系统。[1]

"凤凰计划"的抓捕、审讯等司法程序也进行了"越南化"改革。1970年6月1日,南越发布 105 - TT/ThT/PCP/I 号令。规定在一个村自行决定的军事行动中,村长在咨询过审查委员会后就可以决定被逮捕者的命运,能立刻释放无辜人士;其他被逮捕者要在 24—72 小时内

---

[1] Phung Hoang: 1970 End of Year Report, May 11, 1971, *Digital National Security Archive*(*DNSA*), Proquest Group, Inc.

转交给最近的省级警察局。如果是秘密行动,执行单位给出原因说明即可进行抓捕嫌疑人的行动。① 上述程序更加明显地体现了"越南化"的特征。

此外,"凤凰计划"的顾问培训也体现了"越南化"特征。国家警察的能力不足,所以不能完成"凤凰计划"的任务。南越开始大力培训"凤凰计划"从业人员,把"凤凰计划"顾问学校的课程从8天缩短到5天半,并且增加了培训班的密度。

在"凤凰计划""越南化"后,美国实际上不能适应南越的这套体制。南越的警察系统是从中央到地方垂直管理的,即由内政部到省警局再到县警局的模式。南越接受的是法国殖民时期建立的警察制度,分工非常明确,这与美国的警察体系完全不同。"凤凰计划""越南化"后,威斯特摩兰有一次冲绳、越南、中国台湾之行。基辛格为

---

① Pages from Republic of Vietnam Central Pacification and Development Council,0440308001,*The Virtual Vietnam Archive*,Texas Tech University.

了得到关于越南的第一手报告,于 1970 年 8 月 17 日会见了刚归来不久的威斯特摩兰。威斯特摩兰在报告中提到需要更加重视"凤凰计划"。[①] 1970 年 8 月 22 日,基辛格给尼克松的备忘录中汇报了"凤凰计划",这份备忘录上盖有"总统已阅"的章。文件里称,北越认为不断升级的"反叛乱"项目——"凤凰计划"和"召回计划"给他们带来了很大的困扰。[②] 此时,美国根本没有意识到"凤凰计划""越南化"存在的问题。

1970 年年底,科尔比向太平洋司令部和国防部做过一个关于"凤凰计划"的回顾报告。驻越大使于 1971 年 4 月份向国务院发回一份南越内部安全评估报告,强调

---

① Meeting with General Westmoreland and Secretary Laird, August 17, 1970, p.2, Vietnam War Ⅱ, 1969 - 1975, *Digital National Security Archive (DNSA)*, Proquest Group, Inc.
② Memorandum from the President's Assistant for National Security Affairs (Kissinger) to President Nixon, August 22, 1970, *Foreign Relations of the United States*, Vietnam, 1969 - 1976, Volume Ⅶ, pp. 52-54.

对"凤凰计划"需要提供心理战支持。[①] 不过国防部和国务院都没有回复。在此之后,尼克松政府时期的《美国对外关系文件集》中再也没出现过"凤凰计划"字眼。"凤凰计划"衰落了。不过在"凤凰计划"衰落之前有一个过渡期,"凤凰计划"被美国当成了撤军和巴黎谈判的工具。

第二节 "凤凰计划"衰落前的过渡期

一、在巴黎和谈中的威慑作用

在第一次"越南化"政策宣告失败的同时,美、北越第一轮秘密谈判也于同一时间结束。在第二次"越南化"政策开始后,基辛格再次寻求与北越秘密谈判。美国重视

[①] April Internal Security Assessment, June 23, 1971, Vietnam War Ⅱ, 1969-1975, *Digital National Security Archive* (DNSA), Proquest Group, Inc.

外交手段,希望继续进行巴黎和谈,通过政治方式解决越南问题,让南越独立承担战争责任和撤军是在巴黎谈判没有取得进展的情况下的次选方案。换言之,"越南化"政策的目的是促使北越进行谈判。[1]

1970年7月5日,基辛格通过沃尔特斯交给北越驻巴黎代办陈越勇(Tran Viet Dung)一封信,建议在7月25日之后的任何时间举行新的秘密会谈。北越代表团团长春水同意于8月29日在巴黎与基辛格进行会谈。[2]

最终,在1970年9月7日,美、北越进行了秘密会谈。自美、北越巴黎和谈开始后,为了在谈判中给北越施加压力,让北越在谈判中做出让步,美国密集轰炸越南非军事区南部和北越。北越仍坚持之前的立场,春水还进

---

[1] Memorandum from the President's Assistant for National Security Affairs (Kissinger) to President Nixon, July 20, 1970, *Foreign Relations of the United States*, Vietnam, 1969 – 1976, Volume Ⅵ, pp.1133 – 1139.

[2] 邵笑:《美国—北越巴黎谈判与越南战争的终结(1969—1975)》,博士学位论文,华东师范大学,2010年5月,第60页。

一步谴责"越南化"政策旨在继续和延长战争,实质是美国拒绝撤军和维持南越政权的手段,密集轰炸是"向我们施加压力"。[①] 美国通过秘密谈判来赢取时间的政治谎言被揭穿了。

随后在9月17日,美、北越又举行了四方会谈。"在四方会谈上,临时革命政府代表团团长阮氏萍女士宣布了民族解放阵线的八点和平计划,首次将美军撤离问题与释放战俘联系在一起……9月27日,基辛格、春水举行了另一次秘密会谈。双方仍然在撤军时限、南越政权领导人、联合政府等问题上纠缠,互不让步。"[②] 美、北越谈判再一次不欢而散,此后很长一段时间内双方再没有举行秘密会谈。为了抬高自己在巴黎谈判中的姿态,美国采取以静制动的策略,停止谈判。

北越则继续通过胡志明小道向南越大量输送人员和

---

① Memorandum of Conversation, September 7, 1970, *Foreign Relations of the United States*, Vietnam, 1969-1976, Volume Ⅶ, p.77.
② 邵笑:《美国—北越巴黎谈判与越南战争的终结(1969—1975)》,博士学位论文,华东师范大学,2010年5月,第62—65页。

物资。11月初,中情局局长赫尔姆斯建议,为了防止北越物资经胡志明小道流入南越,美国应为军事行动做好准备。① 基辛格在给尼克松的备忘录中表示同意赫尔姆斯关于在老挝北部采取行动的建议。1971年1月18日,尼克松听取了莱尔德关于泰国、越南之行的报告。莱尔德同意普遍的观点,认为目前通过谈判看不到希望。为了震慑北越,尼克松决定授权对老挝采取有限的突袭行动。② 1971年2月8日,"蓝山七一九"行动(Lam Son 719)开始。

美国政府必须考虑美国民众的反应——巴黎谈判没有取得进展会遭到国民的指责。故除了军事手段外,"凤

---

① Memorandum from the President's Assistant for National Security Affairs (Kissinger) to President Nixon, November 3, 1970, *Foreign Relations of the United States*, Vietnam, 1969–1976, Volume Ⅶ, p.157.
② Memorandum for the President's File by the President's Deputy Assistant for National Security Affairs (Haig), January 18, 1971, *Foreign Relations of the United States*, Vietnam, 1969–1976, Volume Ⅶ, pp.275–286.

凰计划"等政治手段也是必不可少的。美国希望"凤凰计划"能够打击北越,给北越带来压力,迫使北越在巴黎谈判中让步。"凤凰计划"要起到直接威慑北越的作用,至少也要打击北越的士气,对北越进行心理威慑。

北越对美、南越的军事和政治行为强烈不满,"凤凰计划"遭到北越的强烈声讨。在1971年巴黎和谈的记者招待会上,越南南方共和临时革命政府(PRGRSV)代表团副团长阮文进(Nguyen Van Tien)发表了第107次巴黎和谈声明,称"凤凰计划"大规模长时间地屠杀孩子、老人、妇女,包括孕妇,[①]是南越傀儡政府用来对付人民大众的残酷手段。解放新闻社(Liberation Press Agency)在报道第111次巴黎和谈的新闻时称,美国实施的"凤凰

---

① Press Conference: Nguyen Van Tien Statement at 107th Session of Paris Talks, March 18, 1971, 2301323016, *The Virtual Vietnam Archive*, Texas Tech University. 临时革命政府(PRG)取代越南南方民族解放阵线的称呼,但这两个词可以互用;RSV是越南南方共和,合起来是"越南南方共和临时革命政府",阮文进是参加四方会谈的临时革命政府代表团副团长。

计划"暗杀行动受到美国舆论的谴责。[①] 故从 1971 年 5 月持续到年底的美、北越秘密会谈依然不成功,尤其是在美国完全撤军和撤掉阮文绍的问题上,美、北越始终谈不拢。

1972 年 2 月,越南南方民族解放阵线关于美国"越南化"政策的白皮书中提到,"凤凰计划"极为残忍,参与"凤凰计划"的人经过绑架、折磨、恐吓、威胁、暗杀等培训,最终都成为杀手。他们组成小组进入村庄或者战略村,收集情报、镇压爱国人士、割断受害者的喉咙或者耳朵,再去邀功请赏。在执行"凤凰计划"任务的时候,他们还会把人们赶入集中营,通过拷打强制人们供出越南南方民族解放阵线嫌疑人,并折磨嫌疑人,然后将其投入监

[①] Press Conference: LPA Report on 111th Session of Paris Peace Talks: Liberation Press Agency, p.3, April 29, 1971, 2301327017, *The Virtual Vietnam Archive*, Texas Tech University.

狱或者秘密处置。① 故"凤凰计划"在实施过程中造成了很多的杀戮。

"凤凰计划"的作用就是破坏巴黎和谈。要想达成和解,实现真正的民族统一,重要的是阮文绍是否愿意释放政治犯和停止实施"凤凰计划"。只有停止暗杀,才能创造出民族和解的气氛,② 故北越提议南越停止实施"凤凰计划"。但实现民族真正统一的呼吁和南越阮文绍政权的想法是相背离的。阮文绍唯恐民族统一后南越政权垮台,他自己失去权力,故仍需要用"凤凰计划"作为威慑北越的手段和筹码,破坏巴黎和谈。不过北越在巴黎通过媒体向世界发声,说明了"凤凰计划"的性质及其对北越造成的伤害,这反而使北越在舆论上占据了优势,使得美国国内的反战情绪更为激烈。

---

① N.L.F. White Paper on U.S. Policy of Vietnamization: February 1972, February, 1972, 2122110003, *The Virtual Vietnam Archive*, Texas Tech University.
② Press Conference: Peace Is at Hand, October 27, 1972, 2301709001, *The Virtual Vietnam Archive*, Texas Tech University.

美、北越此后经过1972年11月20日、12月4日,以及1973年1月8日的几轮秘密谈判,最终于1973年1月27日正式签署了巴黎协定。在巴黎协定签署后,"凤凰计划"仍在继续。地方警察继续逮捕、清除阻碍"和平"的人[1],旨在维护南越政权及为美国顺利撤军提供帮助。

二、在撤军中的辅助作用

第二阶段的撤军从1970年4月开始,比第二次"越南化"早三个月。而进一步撤军会危及仍然留在越南的美军的安全,美国不希望自己在撤军的时候,军队处于劣势。[2]

基辛格私下认为,加速撤军会给美国在南越的目标

---

[1] Congressional Record–Documents On South Vietnam's Prisoners, September 13, 1973, 2321611003, *The Virtual Vietnam Archive*, Texas Tech University.
[2] Minutes of National Security Council Meeting, March 28, 1969, *Foreign Relations of the United States*, Vietnam, 1969–1976, Volume Ⅵ, p.176.

带来风险,会引起剩余美军内部的人心动荡。他说:"在我看来,我们最大的筹码是我们能够规范我们的撤军时间表。"① 基辛格说这些话背后的含义是:为了南越安全、柬埔寨的燎原计划、美军安全、巴黎谈判等,要规范撤军时间表。

尼克松则认为,由于"越南化"进程的持续进展,所以现在可以加速撤军。1970 年 10 月 12 日,尼克松在新闻发布会上宣布加速从越南撤军。此时,加速撤军已经成为无法控制的事实。②

美国要加速撤军,但在撤军过程中又不想失去体面,那么便不可能进行单方面撤军。美国会根据北越的反

---

① Memorandum from the President's Assistant for National Security Affairs (Kissinger) to President Nixon, August 27, 1970, *Foreign Relations of the United States*, Vietnam, 1969–1976, Volume Ⅶ, pp. 57–59.

② Memorandum from the President's Assistant for National Security Affairs (Kissinger) to President Nixon, October 11, 1970, *Foreign Relations of the United States*, Vietnam, 1969–1976, Volume Ⅶ, pp. 126–127.

应,采取相应的撤军计划。在谈判不顺利的情况下,"凤凰计划"成为美国体面撤军不可或缺的辅助。故美国继续对"凤凰计划"给予物资和顾问援助,旨在激励"凤凰计划"继续实施。为了提升县区级情报收集能力,美国陆军在1970年向"民事行动与革命发展计划"项目额外增派了227名情报专家。1970年9月,驻越军援司令部又接收了撤军遗留下来的60名情报专家。这批专家拥有情报经验、越南语技能和良好的教育背景,这一意外收获让"凤凰计划"获得了先机。12月31日,又有218名专家被分配到"凤凰计划"项目。① 美国只需提供激励措施,让南越负责实施"凤凰计划";如此,美国就能够维护体面,又不用承担南越军事失败的后果。

因为持续的"越南化"进程及美国的逐步撤军,1971年"凤凰计划"更是成为南越对付越南南方民族解放阵线的重要手段。美国在1971年重点资助的"越南化"项目

---

① Phung Hoang: 1970 End of Year Report, p.31, May 11, 1971, *Digital National Security Archive*(*DNSA*), Proquest Group, Inc.

是"凤凰计划",美国对南越警察增加了50％的援助。在1971年,"凤凰计划"是"反叛乱"项目的优先项目。[1]

此外,在停火协议签订后,美国在撤军中也面临着如何有序撤出大规模人力和物力等现实问题。尽管驻越军援司令部在努力控制和减少某些物资的库存,但仍有大量物资滞留。例如,1968年10月,驻越军援司令部评估有1000万美吨的物资需要从东南亚运出。1969年3月,有550万美吨的物资需要撤出。[2] 1969年的撤军总数计划达到5万人[3],到1970年年底要撤军9万人,到

---

[1] Statement of Hon. Paul N. McCloskey, Jr., A Representative in Congress from The State of California, June 23, 1971, 2202107020, *The Virtual Vietnam Archive*, Texas Tech University.

[2] Memorandum from Secretary of Defense Laird to President Nixon, March 13, 1969, *Foreign Relations of the United States*, Vietnam, 1969 - 1976, Volume Ⅵ, p.118.

[3] Memorandum from the President's Assistant for National Security Affairs (Kissinger) to President Nixon, June 23, 1969, *Foreign Relations of the United States*, Vietnam, 1969 - 1976, Volume Ⅵ, p.262.

1971年4月30日再撤军6万人。① 美国不仅要有序撤出大量军队和物资,还要把一些装备有效地交到南越手中。在这个时期的撤退过程中,"凤凰计划"起到了掩护作用,可以让美国军队和物资有序撤出。

1972年11月27日,《纽约时报》记者福克斯·巴特菲尔德(Fox Butterfield)从西贡发回报道,称约有1万名美国民事顾问和技术人员在停火协议后仍留在越南。1973年2月9日,《华盛顿邮报》报道,许多"反叛乱"工作人员以国务院工作人员的身份继续留在越南。许多材料显示,在停火后,美国仍派遣技术人员到越南实施"凤凰计划"(此时已更名为F6计划)。同时,布拉格堡还在为"凤凰计划"培训顾问。顾问在完成课程后,被国防部作为民事顾问派往越南,或被派入第525军事情报旅工作。虽然军事人员迟早要撤离越南,但第525军事情报旅可以用平民身份作掩

---

① Memorandum from the President's Assistant for National Security Affairs (Kissinger) to President Nixon, August 27, 1970, *Foreign Relations of the United States*, Vietnam, 1969 - 1976, Volume Ⅶ, pp. 57 - 59.

护继续从事秘密行动。即使美国撤离了，其遗留下来的机构也可以通过无线电或者其他手段传递情报。①

直到1974年，"凤凰计划"还在实施，并协助美国撤退及做善后工作。此时，"凤凰计划"更名为F6计划，美国把滞留在南越的美方军事人员称为平民。美国花在"反叛乱"、警察和F6计划上的资金超过1亿，光1974年就投入1500万美元在监狱建设上。② 事实上，最后五年美国到底为"凤凰计划"投入了多少钱根本无法确切算出。据审计总署审计报告称（GAO report），"凤凰计划"花费了8000万美元。如果加上顾问的费用，肯定超过了1亿美元。③ 据美国合众国际社（UPI）报道，1975年美国

---

① The Phoenix Program, May 1974, 2122905005, *The Virtual Vietnam Archive*, Texas Tech University. 这些民事顾问与技术人员受雇于国防部。

② Army Paper Commentary Raps U.S., Saigon Pacification Plan-Hanoi, March 14, 1974, 2302215001, *The Virtual Vietnam Archive*, Texas Tech University.

③ Operation Phoenix: A Vietnam Fiasco Seen from Within, June 18, 1972, 2122405068, *The Virtual Vietnam Archive*, Texas Tech University.

仍然在参与"凤凰计划",用暗杀手段对付越南人民。[①]

总之,"凤凰计划"为美国政府撤军赢得了时间,为美军及其设备撤出打掩护和做了善后工作,也缓和了美国国内高涨的反战浪潮。同时,南越为了稳固政权,逮捕越南南方民族解放阵线成员达到了疯狂的程度。因逮捕的人(包括平民)难以计数,南越境内笼罩着恐怖的气氛。

第三节 "凤凰计划"的衰落

一、评估效果及其失败原因

1969年是"凤凰计划"的改革年。据美国统计,1969年"凤凰计划"逮捕8515人,召回4832人,杀死6187人,

[①] VNA Notes UPI Report Continuation of Phoenix Program, January 09, 1975, 2132503016, *The Virtual Vietnam Archive*, Texas Tech University.

总计19534人,其中30%被处死。[1]

南越当局对1970年的"凤凰计划"寄予了很大的期望。从统计数据来看,"凤凰计划"在1970年的实施效果超过1969年。1970年消灭越南南方民族解放阵线22341人[2],其中7745人投降、6405人被拘留、8191人被杀。[3] 而且据美国1970年的"凤凰计划"报告统计,1970年在消灭越南南方民族解放阵线成员的成效方面也不错。1970年凤凰计划消除A类和B类越南南方民族解放阵线成员22000人。其中消灭的人民革命党人数占到总数的三分之一,民兵消灭敌人的数量占到了40%,临时侦察部队消灭了1500名越南南方民族解放阵

---

[1] Excerpts from Hearings Before the U.S. Senate Committee on Foreign Relations—Vietnam: Policy and Prospects, 1969, 0440229012, *The Virtual Vietnam Archive*, Texas Tech University.

[2] The Phoenix Program, p.11, January 01, 1975, 2132505074, *The Virtual Vietnam Archive*, Texas Tech University.

[3] Memorandum: Everything Senators Might Want to Know About Phoenix and You Were Afraid They Would Ask, June 21, 1973, 04115200001, *The Virtual Vietnam Archive*, Texas Tech University.

线成员。[①]

1971年,"凤凰计划"的目标是每个月消灭1200名越南南方民族解放阵线成员,"无效化"14400人,把其中的一半关进监狱。[②] 而数据显示,实际情况比计划进展得"更好"。1971年的前两个月,美国驻西贡的新闻发布官员称,"凤凰计划"进展非常顺利,消灭越南南方民族解放阵线4502名成员。这个数字是预计的两倍,其中1629人被杀,1527人投降,1346人被判入狱。[③] 1971年的前半年消灭10277名越南南方民族解放阵线干部,是

[①] Phung Hoang: 1970 End of Year Report, May 11, 1971, *Digital National Security Archive(DNSA)*, Proquest Group, Inc.

[②] Statement of Hon. Paul N. McCloskey, Jr., A Representative In Congress From The State of California, June 23, 1971, 2202107020, *The Virtual Vietnam Archive*, Texas Tech University.

[③] Statement of Paul N. McCloskey, Jr. Before the Subcommittee on asian and Pacific Affairs, pp.22 – 23, June 29, 1971, 2131805113, *The Virtual Vietnam Archive*, Texas Tech University.

"凤凰计划"最有"成效"的一个时期。① 据记录,1971年总共消灭越南南方民族解放阵线成员40000人:15603人被"无效化",5615人被杀,4391人被捕入狱,5597人"归顺"。② 但在1973年6月21日关于"凤凰计划"的备忘录中记录,1971年有5621人归降、5012人被收押、7057人被杀,共清除越南南方民族解放阵线成员17690人。③ 两相对比发现,数字出入太大。故虽然从数据上看颇有成效,但也难免让人生疑。

---

① Phuang Hoang Campaign, September 17, 1971, 2131809092, *The Virtual Vietnam Archive*, Texas Tech University. 南越情报部也有佐证记录,但是数字有些出入。至1971年前半年,"无效化"了81039名共产党干部,其中20788人归降,19257人被投入隔离营,40994人被杀。详见 Critique of an Article by William E. Colby, pp. 11-12, 0440310003, *The Virtual Vietnam Archive*, Texas Tech University.
② Report, Indochina Refugee Authored Monograph Program—'Pacification' by Tran Dinh Tho, Brigadier General, ARVN-Draft Copy for Final Review, p.86, November 30, 1976, 2850210001, *The Virtual Vietnam Archive*, Texas Tech University.
③ Memorandum: Everything Senators Might Want to Know About Phoenix and You Were Afraid They Would Ask, June 21, 1973, 04115200001, *The Virtual Vietnam Archive*, Texas Tech University.

总的说来,"凤凰计划"给北越造成了损失和伤害。越南南方民族解放阵线同样损失十分惨重,越南共产党急需扩充新成员。而且从上述数据可以看出,随着越战进程"凤凰计划"也已经进入末期,其档案材料是十分混乱的。从其逮捕杀害人数众多也能看出,"凤凰计划"的目标并不明确。上述问题都是造成"凤凰计划"效率低下,甚至数据造假的原因。

随着形势的变化,美国开始推卸责任。"凤凰计划"的两任负责人孔墨和科尔比在通信中相互安慰:美国只是建议、敦促、资助和评估这些项目,并不运作"凤凰计划"、"召回计划"等等。贪污、懒政或者实施暗杀都是南越当局的问题,跟美国顾问没有关系。[①] 他们两人都已经不承认亲自实施过"凤凰计划",把有争议受谴责的问题都归咎于南越当局。

---

① A Letter from R. W. Komer to William Colby, August 09, 1983, 0440629006, *The Virtual Vietnam Archive*, Texas Tech University.

1972年10月,125名"凤凰计划"顾问离开越南。①"凤凰计划"明显衰落了,衰落的原因主要有九点:

第一,各个层面的"凤凰计划"中心都缺乏指导,故大约只有5%的行动能精准找到越南南方民族解放阵线成员。大部分的行动是大规模扫荡,逮捕盘问遇到的所有成年人,拿着身份证与黑名单对照核查,只是偶然能抓到一些越南南方民族解放阵线成员。②

第二,"凤凰计划"在消灭越共高层官员方面是失败的。"凤凰计划"主要在农村或者战略村实施,旨在消灭越南南方民族解放阵线基层组织成员,而想抓捕越南南方民族解放阵线高层领导是不可能实现的。

第三,"凤凰计划"的审讯、拘押等司法程序存在问题。负责第四战区"反叛乱"工作的约翰·保罗·范恩猜

---

① Douglas Valentine, *The Phoenix Program*, New York: William Morrow and Company, 1990, p.401.
② Operation Phoenix: A Vietnam Fiasco Seen from Within, June 18, 1972, 2122405068, *The Virtual Vietnam Archive*, Texas Tech University.

测,90%的真正的越南南方民族解放阵线基层组织成员在被抓的90天里都被释放了。证据不足以及工作人员收受贿赂、懒惰、遭到恐吓、同情爱国者等都是司法程序产生问题的原因。南越当局甚至都不知道谁被释放了、谁被处决了。①

第四,数据造假和假情报泛滥。南越官员为了邀功请赏和应付上级而进行数据造假,甚至南越省长为了达到要求的目标也进行数据造假。② 美国官员承认,在一些地方越南南方民族解放阵线基层组织完好无损。参与"凤凰计划"的美国和南越官员故意夸大消灭敌人的数量,或者对于"凤凰计划"消灭的人数记忆并不准确。③

---

① Operation Phoenix: A Vietnam Fiasco Seen from Within, June 18, 1972, 2122405068, *The Virtual Vietnam Archive*, Texas Tech University. 约翰·范恩负责南越第四战区的"反叛乱"工作。
② Pages from the Congressional Record (Senate), October 11, 1972: Aid to Thieu, October 11, 1972, 0440326013, *The Virtual Vietnam Archive*, Texas Tech University.
③ A Staff Report, Committee on Foreign Relations, U.S. Senate-Vietnam, pp.5-6, February 02, 1970, 2121414008, *The Virtual Vietnam Archive*, Texas Tech University.

第五，一些地区并不热衷于实施"凤凰计划"。南越地方官员存在的一个非常严重的问题就是地方官员懒政怠政。许多南越官员和民众都对"凤凰计划"持怀疑态度。[1] 地方官员非常在意别人对"凤凰计划"的批评，也担心以后形势变化，自己遭到报复。故南越当局的普通工作人员也只是出于谋生的需要，在"凤凰计划"项目中谋得职位后就迟到早退，甚至利用机会得到南越当局配备的汽车，得到资源和发财的机会。区县级情报和行动协调中心的工作人员更是贪得无厌，贪污纸张、地图、文件柜等东西。即便如此，他们也并不忠于南越政权。[2]

第六，"凤凰计划"的打击面过于宽泛，对民众造成了伤害。南越士兵待遇不好，他们根本不是去安抚民众，甚

---

[1] Enemy Captured Document (CDEC)-US MACV RVNJGS/RVNAF Combined Strategic Objectives Plan (CSOP), pp.56 - 57, October 13, 1970, 2121503001, *The Virtual Vietnam Archive*, Texas Tech University.

[2] Operation Phoenix: A Vietnam Fiasco Seen from Within, June 18, 1972, 2122405068, *The Virtual Vietnam Archive*, Texas Tech University.

至可以说是恐吓百姓,他们就是拿着美国先进武器的盗匪。因此,即使南越没有越共,南越政权也不可能取得胜利。[①] 本来"凤凰计划"是为了南越人民的安全发起的,结果却让人民更不安全。"凤凰计划"实施人员在人民群众家里偷鸡摸狗,检查身份证件的时候让百姓在太阳底下晒几个小时。[②] 连宗教界人士和退伍军人也遭到迫害。阮文绍在1965年7月19日发布004/65号法令,规定任何支持共产党的行为都是违法的,组织和平集会也是违法的。国际志愿者服务组织(lnternational Voluntary Service)前负责人鲁斯先生(Don Luce)认为南越滥用了这个法令,南越用它去对付倡导和平的宗教界领袖和要求改善生活条件的老兵。到了1972年5月,阮文绍用

---

① Where is CIA Taking US?, June 01, 1973, 2360206036, *The Virtual Vietnam Archive*, Texas Tech University.
② Operation Phoenix: A Vietnam Fiasco Seen from Within, June 18, 1972, 2122405068, *The Virtual Vietnam Archive*, Texas Tech University.

"凤凰计划"对付政敌已经是稀松平常的事情了。[①]"凤凰计划"变为F6后,简直到了丧心病狂的地步。F6计划允许抓捕任何疑似共产党的民众,许多无辜民众被害。[②]

第七,对南越当局来说,"凤凰计划"是对付政敌的工具。一方面,越南南方民族解放阵线负责税收的干部被抓了放,放了抓;而另一方面,一些抱怨战争、批评阮文绍政府和希望建立联合政府的民族主义者却被认为是危险人士而被扣上越南南方民族解放阵线成员的帽子。[③] "凤凰计划"最终成了南越当局消灭内部政敌的工具,并不能专门用于清除越南南方民族解放阵线成员。

第八,虽然南越当局在电视上发表演说,向民众介绍"凤凰计划",但没有收到预期的效果。越南人民根本不

---

① The Phoenix Program, May 1974, 2122905005, *The Virtual Vietnam Archive*, *Texas* Tech University.
② Reds Have Big Plans for Delta, Says Yank, October 07, 1972, 2122506018, *The Virtual Vietnam Archive*, Texas Tech University.
③ Operation Phoenix: A Vietnam Fiasco Seen from Within, June 18, 1972, 2122405068, *The Virtual Vietnam Archive*, Texas Tech University.

知道"凤凰计划",更谈不上去支持它了。当问到一个越南农民"'凤凰计划'是什么",他的回答是,"政府为了抓青壮年人去当兵"。①

第九,北越和越南南方民族解放阵线对"凤凰计划"开展反击行动。除了命令狙击手杀死试图进入越南南方民族解放阵线势力范围的"凤凰计划"官员外②,甚至还有3万名越南南方民族解放阵线成员渗透进了南越当局。③

新正统主义认为"凤凰计划"是失败的。"凤凰计划"实施的初衷除了消灭越南南方民族解放阵线外,还为了解决美国与南越当局之间政治合作不平顺的问题。但南

---

① Operation Phoenix: A Vietnam Fiasco Seen from Within, June 18, 1972, 2122405068, *The Virtual Vietnam Archive*, Texas Tech University.
② Report, Intelligence: DIP-Summary of Activities—Record of MACV Part 1, p.5, October 1971, F015800190798, *The Virtual Vietnam Archive*, Texas Tech University.
③ Operation Total Victory: February, 1971 Third Edition, p.3, February, 1971, 18700401002, *The Virtual Vietnam Archive*, Texas Tech University.

越当局谎造数据、敲诈民众、收受贿赂,在一些省份,美国顾问根本控制不了"凤凰计划"。当美国意识到"无效化"的越南南方民族解放阵线成员只是一个数字,自己对处决越南南方民族解放阵线成员的实情根本无从知晓时,就是要摆脱"凤凰计划"的时候了。

二、"凤凰计划"的替代品——F6 计划的实施和失败

南北越抢夺的关键地区是农村,而"凤凰计划"的实施方式却是自上而下进行的,根本不能有效控制农村。故本来是为了控制住人民的"反叛乱"项目,到了 1972 年反而被人民起义所侵蚀。[1]

随着巴黎和谈的进行,既然美国要在谈判桌上寻求政治解决的途径,显然就不能继续使用带有准军事性质的"凤凰计划"去对付越南南方民族解放阵线。1974 年,

---

[1] Press Conference; MME Binh on NFLSV Offensive Aims of US Aggression, April 19, 1972, 2301513014, *The Virtual Vietnam Archive*, Texas Tech University.

美、南越取消了"凤凰计划",取而代之的是 F6 计划。此项目由美驻越使馆特别办公室提出,并由中情局驻西贡的高级官员波尔格(Polgar)领导。[①]

有观点认为 F6 计划是 1968 年春节攻势后创立的,是"凤凰计划"的一个分支项目,主要目的是收集情报。[②]也有观点认为,1973 年 1 月,阮文绍发起了 F6 计划。南越公民即使被稍加怀疑跟北越有联系,就会被逮捕、审讯、关押。[③] 北越方面的材料也印证,F6 取代"凤凰计划"的时间是在 1973 年 1 月份。1973 年 1 月 18 日,胡玉润

[①] Saigon Army Officers Must Unite with People to Topple Thieu, September 25, 1974, 2311510030, *The Virtual Vietnam Archive*, Texas Tech University.

[②] Article from the Philadelphia Inquirer, Why the Vietnam War Isn't Really Over, February 04, 1973, 2122612020, *The Virtual Vietnam Archive*, Texas Tech University.

[③] Statement on Continued U.S. Support for South Vietnam's Police & Prison System and Proposals for Ending Such Support, July 20, 1973, 14510324001, *The Virtual Vietnam Archive*, Texas Tech University.

(Ho Ngoc Nhuan)提醒北越,美国打算用F6替代"凤凰计划"。[1] 再反观美国撤出顾问的情况和1972年"凤凰计划"消灭的越南南方民族解放阵线人数的数据,北越的文件应该有延迟。故F6计划实施的时间肯定在1973年之前,在1972年就开始公开实施应该是可以确定的,首先是在朱笃省(Chau Doc Province)实施的。

1972年4月,北越发起新攻势。在这个紧急时期,南越用一个新项目F6取代"凤凰计划"。1972年10月暂时停火期间,F6计划再次实施。1972年圣诞节时,美国和北越的巴黎谈判破裂,美国又开始轰炸北越,故F6计划暂时遭到搁置。

F6计划的执行者也是国家警察,穿着制服的F6计划的特工是西贡街头的常见景点。[2] F6与其前任最大的

---

[1] Hanoi Says U. S. Still Supporting Saigon Security Forces, p. 8, May 06, 1973, 2302020028, *The Virtual Vietnam Archive*, Texas Tech University.

[2] Political Prisoners in South Vietnam, p. 15, Jun. 23, 2003, 2390908002, *The Virtual Vietnam Archive*, Texas Tech University.

区别在于,警察只需要一份证据就可以逮捕嫌疑人,而之前逮捕嫌疑人需要三份证据。这使得南越当局几乎不需要任何证据就可以逮捕成千上万的人。[1] 在湄公河三角洲地区的一些村庄,F6计划成员会给每家房子喷上一种颜色,红色、蓝色或白色。红色标记的家庭与共产党有联系,红色和白色标记的家庭有被逮捕和监禁的风险。如果想改变房子的颜色,需要向地方当局行贿。[2]

无论如何,"凤凰计划"在名义上已经退出了。F6作为"凤凰计划"的替代品,虽然是强弩之末,但仍然给北越造成了伤害。根据"民事行动与革命发展计划"项目发言人的说法,F6计划是三角洲地区最成功的项目。批评F6计划的人则认为,政府伤害了无辜的人民。[3] 为了破

---

[1] Article from the Philadelphia Inquirer, Why the Vietnam War Isn't Really Over, February 04, 1973, 2122612020, *The Virtual Vietnam Archive*, Texas Tech University.

[2] Political Prisoners in South Vietnam, p. 16, Jun. 23, 2003, 2390908002, *The Virtual Vietnam Archive*, Texas Tech University.

[3] Reds Have Big Plans for Delta, Says Yank, October 07, 1972, 2122506018, *The Virtual Vietnam Archive*, Texas Tech University.

坏巴黎和谈,美国顾问试图消灭一切支持和平的人,F6计划正是致力于此。1972年10月到11月间,有4万名越南爱国者被捕,超过20万名政治犯仍被关押在阮文绍的难民营和监狱里。① 1972年12月18日,《新闻周刊》报道,约有4.5万名政治犯被关押在南越监狱,还有10万人被关押在集中营。② 事实上,F6计划审讯了成千上万的人,从中甄别出了一些越南南方民族解放阵线的重要干部。

不过,F6计划产生的负面影响和给北越造成的伤害使国际舆论继续发酵,并向着有利于北越的方向发展。北越也采取措施反制F6计划。到20世纪70年代中期,越南南方民族解放阵线已经建立了监狱。这种监狱叫B

---

① U.S. Continuing to Violate Paris Peace Agreement—Moscow, January 07, 1974, 2302206002, *The Virtual Vietnam Archive*, Texas Tech University.
② Statement on Continued U.S. Support for South Vietnam's Police & Prison System and Proposals for Ending Such Support, July 20, 1973, 14510324001, *The Virtual Vietnam Archive*, Texas Tech University.

-3思想改造营,是边和省与隆庆省反制"凤凰计划"与"召回计划"的措施,专门关押被指控参与实施"凤凰计划"的人。①

其实,"凤凰计划"或者说F6已经衰落了。越南南方民族解放阵线作为一方参加四方会谈。南越当局已经没有其他办法对抗越南南方民族解放阵线,只好沿用暴力手段对抗他们。从此,南越政权风声鹤唳、草木皆兵,大肆逮捕嫌疑人士,同时也失去了民心。南越当局的这种暴行也更加表明南越政权的衰落,之前本就是美国扶持的傀儡政权,现在靠威胁、大肆逮捕民众更说明了其实力虚弱。

1975年4月2日,在南越政权即将崩溃之时,基辛格召开华盛顿特别行动小组会议,其中一项讨论内容是安排为美国工作过的越南人离开越南。这时基辛格还记得嘱

---

① Dale Andradé, *Ashes to Ashes: The Phoenix Program and the Vietnam War*, Lexington and Toronto: Lexington Books, 1990, pp. 255-256.

咐科尔比让参加过"凤凰计划"的人员也离开越南。①

图 5-2 逃亡的越南难民
（图片来源：https://www.zhihu.com/question/48787402/answer/256043749）

"凤凰计划"从发起到结束的确都在影响越战进程，尤其是越战"越南化"进程。而随着越战的"越南化"，美国先从东南亚退出，随之而来的是东亚格局的变动，乃至世界格局的变动。

---

① Indochina, April 2, 1975, p.8, Kissinger Conversations: Supplement I, 1969 - 1977, *Digital National Security Archive* (*DNSA*), Proquest Group, Inc.

结　论

"凤凰计划"案例所涉及的问题实质是北越与美国之间农村包围城市战略与"反叛乱"战略之间的博弈。但是由于材料不是很全,本书只能对美国的越战"越南化"政策进行研究。

一、"凤凰计划"在"反叛乱"中的位置

美国在南越的"反叛乱"项目按时间顺序大致有战略村计划、"召回计划"、"民事行动与革命发展计划"、"情报收集和开发"项目和"凤凰计划"。战略村计划是美、南越"反叛乱"最初的政策,其目的主要是把越南南方民族解

放阵线成员和普通民众分离。在正式出台"反叛乱"政策后,"召回计划"出现了,这是一种通过诱降获取情报的"反叛乱"方式。随后为了促进军事与民事合作和情报协调,美、南越又设计出"民事行动与革命发展计划"和"情报收集和开发"项目。战争末期,美、南越开发出了残暴的"凤凰计划",失去民心是毋庸置疑的结局。上述这些形式的"反叛乱"都属于传统的"反叛乱"范畴。

传统的"反叛乱"行动服务于美国的冷战战略。在20世纪60年代美苏对抗背景下,美国为了遏制共产主义的发展,综合运用民事和准军事等"反叛乱"手段对亲美傀儡政权进行扶持和帮助。民事手段包括经济援助、医疗救助、建设基础设施。"反叛乱"首先是美国的对外政策,当然政策也转变为具体的行动;其次,"反叛乱"有理论支撑,传统"反叛乱"时期是美国的"反叛乱"理论和实践互帮互长的时期。

"凤凰计划"是传统"反叛乱"项目的重要组成部分[1],是从其他"反叛乱"项目中慢慢演变而来的。美国最初想通过发展南越社会经济,改善南越福利,比如通过修路、建立医疗所等温和的"反叛乱"手段巩固南越政权。不过,美、南越的诸多"反叛乱"计划发展并不顺利。随着美国介入越南的程度加深(尤其是美国军队进入越南后),美国在南越的"反叛乱"逐渐被军方主导,"反叛乱"的规模和暴力程度都有所增长。

越南战争的实质应该说是一场南北越争取民心的战争。美国在越南使用隐蔽行动、有限战争、大规模的军事战争等手段,对越南进行轰炸和干涉,早就失去了越南的民心。而且越南国内有两种思想意识形态在进行争夺,其国内局势可以说是正处于激变的时代。对于越南人民来说,美国对南越的介入本身就有问题。南越内部事务

---

[1] Routing Slip, and Attached Miscellaneous FBIS Transcripts of North Vietnamese Press Reports, p.12, 0440326012, *The Virtual Vietnam Archive*, Texas Tech University.

被盟国一手包办,越南人民难免怀疑南越政权的独立性。况且南越傀儡政府本身也是问题多多(贪污腐败尤其严重)。

综上所述,美国和南越不能从根本上获得人民的支持和跟随,便把隐蔽行动、"反叛乱"行动和军事行动联合起来使用,以降低军事成本,同时争取达到促进南越社会发展,进而得到民心、稳定南越政权的目的。"凤凰计划"在这种形势下应运而生,其初衷是希望协调民事与军事行动以及美国与南越各部门之间的情报信息,强调信息协调和官僚部门的合作等技术因素,但是在实施过程中性质发生了变化,存在暗杀平民的行为。随着越战的失败,"凤凰计划"也衰败了。

美国和南越当局失败的根本原因是美国试图改变越南农村的结构和秩序。但越南是传统的农业社会,并没有立刻接受美国工业社会的模式,加上美、南越在"凤凰计划"的实施过程中使用了暗杀这种极端暴力的手段,失去越南民心是极容易的事。况且美国并不了解越南的社会文化习俗，试图扶持反对势力建立傀儡政权对抗共产主义，但在实施手段上却割裂了南北越之间的亲情，如在"凤凰计划"行动中时常让南越民众利用亲戚关系套取北越情报，这些手段与越南的民族性相违背。

"凤凰计划"对美国的影响也是深远的。因为越战带给美国的惨痛教训，此后美国开始从亚洲乃至全球收缩。越战后，美国国会不再轻易批准援助项目给国外亲美独裁政权。后冷战时代，美国进入现代"反叛乱"时期，其在"反叛乱"战争中不再强调夺取民心。不过，虽然当今的国际环境发生了很大变化（战争中使用的武器和技术也更为先进），但是"凤凰计划"的组织实施模式依然是美国在阿富汗战争和伊拉克战争中反恐模式的雏形。

美国政府套用"凤凰计划"模式在阿富汗、伊拉克进行反恐战争，仍然把民事和军事手段相结合，利用情报和当地力量打击"叛乱"势力。可以说在阿富汗战争、伊拉克战争和叙利亚战争中，美国的"反叛乱"模式完全照搬了"凤凰计划"。[①] 基于上述原因,研究"凤凰计划"对研究现代事件也有了借鉴意义。其实,这种"反叛乱"形式也算不上新颖,这是第一次印度支那战争时期法国使用过的军民结合的手段。法国在越南已经实施过类似于"凤凰计划"的行动,但最终失败。美国没有吸取法国的教训,借鉴过来继续使用。不仅如此,虽然越战在美国臭名昭著,美国也依然没有吸取越战教训,仍然在阿富汗、伊拉克使用越战中使用过的方法去处理边界安全等问题,仍然运用武力以达到政治目的。

二、"凤凰计划"对美国越战进程的影响

"凤凰计划"虽然只是越战中美国"反叛乱"项目中的一个子项目,却对美国的越战"越南化"进程起到了重要作用,甚至影响了美国的全球战略。在美国本土,"凤凰

[①] Brandon Smith, "Has the CIA's Phoenix Program been Resurrected in Syria?", August 28, 2013. https://www.lewrockwell.com/2013/08/brandon-smith/the-cias-phoenix-assassination-program/

计划"极大地改变了美国民众对政府的看法,让美国政府在美国国内也失去了民心。1968年以后,美国国内反战浪潮迭起。美国政府本以为用"反叛乱"的手段支持援助南越就不会像派兵到越南那样引起轩然大波,可是随着"凤凰计划"的暴力手段被媒体曝光,"凤凰计划"遭到诟病,其暗杀行为也为美国民众所不容。

约翰逊政府对北越采取不断升级的军事行动,却导致美国深陷越战泥潭。在约翰逊即将离开白宫的前一年,美、南越发起了"凤凰计划"。"凤凰计划"发起之时就是一个"越南化"项目,这足以说明约翰逊政府在军事升级行动失败后,已经开始寻求从越南脱身的方法。

到了尼克松时期,尼克松制定了边谈、边战、边化、边撤的对越政策。虽然美国最终要从越南撤出,但美国无法预测越南共产党最终会接受什么条款。1969年1月31日,尼克松在读了关于巴黎和谈的新闻报道后,认为有必要向越南南方民族解放阵线增加军事压力。[①] 此举践行了尼克松上台之初的言论——"只要越共还在南越进行游击战,那美国就不适合停火"。[②] 与此同时,美国调整了对南越的"反叛乱"策略。新策略的重点是使南越实现自卫。为了呼应美国的新策略,南越把"凤凰计划"作为维持政权的重要手段,为此美、南越还对"凤凰计划"进行了司法改革。

尼克松政府随之提出了越战"越南化"政策,让南越军队自立,让南越主导"反叛乱"。尼克松第一次越战"越南化"的首要举措就是从越南撤军,但前提是提高南越的军事能力,保证南越政权能存在下去。尼克松的"越南化"政策的最终目的是美军撤出越南以及结束越战。提

[①] Memorandum from President Nixon to his Assistant for National Security Affairs (Kissinger), February 1, 1969, *Foreign Relations of the United States*, Vietnam, 1969–1976, Volume Ⅵ, p.52.

[②] Minutes of National Security Council Meeting, January 25, 1969, *Foreign Relations of the United States*, Vietnam, 1969–1976, Volume Ⅵ, p.37.

出战争"越南化"四个月之后,也就是1969年7月25日,尼克松又提出了著名的"关岛主义","关岛主义"标志着美国要从亚洲收缩。又四个月之后,即1969年11月3日,尼克松又提出了"尼克松主义","尼克松主义"标志着美国要从全球收缩。在国家安全战略变更的压力下,美国必然需要用更合适的方式尽快退出越南。

南越也希望美国尽快撤军,因为南越意识到了民心的重要性,认为美国在南越驻军会起到反作用。南越军官阮正施(Nguyen Chanh Thi)在信中表达过这种观点:南越人民不希望被共产党统治,但是南越人民对于美国对南越的干涉也很反感。在南越,文化堕落、毒品泛滥,越南人和美国青年伤亡严重,所以阮正施呼吁停止浪费美国纳税人的钱,希望美国加快撤军速度,停止对农村的轰炸,立刻停止"凤凰计划"的暗杀行动。[1]

美国在"合适、体面地"撤走军队的过程中十分依赖

---

[1] Letter from Nguyen Chanh Thi, 1971, 2361205133, *The Virtual Vietnam Archive*, Texas Tech University.

"凤凰计划"。而且在美军完全撤出后,"凤凰计划"成为美国继续对越南施加影响的一种方式。之前美国军方也承诺过,"凤凰计划"并不只存在于战争时期,只要越南南方民族解放阵线对南越的安全产生威胁,"凤凰计划"就会存在。①

越战时的国际形势使美国无法不顾及欧洲的情况。对德国的占领以及欧洲的经济复兴都需要耗费美国的兵力和钱财。美国不能因为出兵亚洲而放弃欧洲,让苏联坐收渔翁之利。美国首先要保障欧洲,给越南的援助仅仅是顺势而为,但是对欧洲的援助却是创造形势,所以美国不是全力扶持南越,而是需要南越自己承担责任。而在美国国内,反战浪潮极高,尼克松为了兑现竞选时的承诺,也为了谋求连任,打算从越南撤军。南越当局极力消灭越南南方民族解放阵线力量,旨在使南越政权独立。在这种形势下,美、南越对"凤凰计划"进行了改革。几乎

---

① The GVN's Phung Hoang Program, March 01, 1971, 2131714005, *The Virtual Vietnam Archive*, Texas Tech University.

同一时间,尼克松认为南越的"反叛乱"效果不错,趁机明确推出战争"越南化"政策,打算先从越南退出;紧接着又提出"关岛主义",打算从亚洲退出;随后又提出"尼克松主义",打算从全球收缩。基于此,美国要结束越战是不言而喻的事情。而"凤凰计划"又在越战的收尾工作中发挥了重要的辅助作用。

由"凤凰计划"对美国越战进程的影响可以看出,"凤凰计划"是美国在越战中的工具。随着战争形势阶段性的变化,"凤凰计划"发挥着不同的作用,其最重要的作用便是推动了美国的越战"越南化"进程,进而改变了越战格局,甚至改变了亚洲格局和世界格局。

随着越战的失败,"凤凰计划"也不可避免地衰落了。在谈到越战失败的原因时,"凤凰计划"的创始人孔墨总结:官僚政治的呆板导致战争失败,资源也过于分散,最重要的是,越南不是美国的核心利益所在。[1]

---

[1] Blowtorch Bob and the Persian Gulf, November 1980, 2360804003, *The Virtual Vietnam Archive*, Texas Tech University.

"越南不是美国的核心利益所在"或许是越战失败的一个非常重要的原因,但美国侵越战争的失败肯定是历史发展的必然。

参考文献

(一) 档案文献

美国德克萨斯理工大学电子化越南档案(The Virtual Vietnam Archive)

(http://www. virtualarchive. vietnam. ttu. edu/starweb/virtual/vva/servlet.starweb? path = virtual/vva/virtual. web)

Declassified Documents Reference System (DDRS)

(http://galenet. galegroup. com/servlet/DDRS? locID = nju)

Digital National Security Archive (DNSA) 1966 – 1975

(https://search.proquest.com/dnsa/index)

美国中央情报局信息自由法电子阅览室

(https://www.cia.gov/library/readingroom/)

数字化国家安全档案系统

(http://nsarchive.chadwyck.com/home.do)

United States Department of State, *Foreign Relations of the United States*, 1949, Volume Ⅷ, Part 2, The Far East and Australasia, Washington, D.C., GPO, 1976.

United States Department of State, *Foreign Relations of the United States*, 1950, Volume Ⅵ, East Asia and the Pacific, Washington, D.C., GPO, 1976.

United States Department of State, *Foreign Relations of the United States*, 1950, Volume Ⅶ, Korea, Washington, D.C., GPO, 1976.

United States Department of State, *Foreign Relations of the United States*, 1951, Volume Ⅵ, Part 1, Asia and the Pacific, Washington, D.C., GPO, 1977.

United States Department of State, *Foreign Relations of the United States*, 1951, Volume Ⅶ, Part 1, Korea and China, Washington, D.C., GPO, 1983.

United States Department of State, *Foreign Relations of the United States*, 1952 - 1954, Volume ⅩⅥ, The Geneva Conference, Washington, D.C., GPO, 1981.

United States Department of State, *Foreign Relations of the United States*, 1952 - 1954, Volume ⅩⅢ, Part 1, Indochina, Washington, D.C., GPO, 1982.

United States Department of State, *Foreign Relations of the United States*, 1952 - 1954, Volume ⅩⅢ, Part 2, Indochina, Washington, D.C., GPO, 1982.

United States Department of State, *Foreign Relations of the United States*, 1952 - 1954, Volume ⅩⅡ, Part 1, East Asia and the Pacific, Washington, D.C., GPO, 1984.

United States Department of State, *Foreign Relations of the United States*, 1955 - 1957, Volume Ⅰ, Vietnam,

Washington,D.C., GPO, 1985.

United States Department of State, *Foreign Relations of the United States*, 1958 - 1960, Volume I , Vietnam, Washington,D.C., GPO,1986.

United States Department of State, *Foreign Relations of the United States*, 1961 - 1963, Volume I , Vietnam, 1961,Washington,D.C., GPO,1988.

United States Department of State, *Foreign Relations of the United States*, 1961 - 1963, Volume II , Vietnam, 1962,Washington,D.C., GPO,1990.

United States Department of State, *Foreign Relations of the United States*, 1961 - 1963, Volume III, Vietnam, January - August 1963,Washington,D.C., GPO,1991.

United States Department of State, *Foreign Relations of the United States*, 1961 - 1963, Volume IV, Vietnam, August - December 1963, Washington, D. C., GPO,1991.

United States Department of State, *Foreign Relations of the United States*, 1964 – 1968, Volume I, Vietnam, 1964, Washington, D.C., GPO, 1992.

United States Department of State, *Foreign Relations of the United States*, January – June 1965, Volume II, Vietnam, 1965, Washington, D.C., GPO, 1996.

United States Department of State, *Foreign Relations of the United States*, June – December 1965, Volume III, Vietnam, 1965, Washington, D.C., GPO, 1996.

United States Department of State, *Foreign Relations of the United States*, 1964 – 1968, Volume IV, Vietnam, 1966, Washington, D.C., GPO, 1998.

United States Department of State, *Foreign Relations of the United States*, 1964 – 1968, Volume V, Vietnam, 1967, Washington, D.C., GPO, 2002.

United States Department of State, *Foreign Relations of the United States*, 1964 – 1968, Volume VI, Vietnam, January – August 1968, Washington, D.C., GPO, 2002.

United States Department of State, *Foreign Relations of the United States*, 1964 – 1968, Volume VII, Vietnam, September 1968 – January 1969, Washington, D. C., GPO, 2003.

United States Department of State, *Foreign Relations of the United States*, 1969 – 1976, Volume VI, Vietnam, January 1969 – July 1970, Washington, D. C., GPO, 2006.

United States Department of State, *Foreign Relations of the United States*, 1969 – 1976, Volume VII, Vietnam, July 1970 – January 1972, Washington, D. C., GPO, 2010.

The Pentagon Papers, Volume one, The Senator Gravel Edition, Boston: Beacon Press.

The Pentagon Papers, Volume two, The Senator Gravel Edition, Boston: Beacon Press.

(二) 回忆录

William Colby and Peter Forbath, *Honorable Men: My Life in the CIA*, New York: Simon and Schuster, 1978.

[美] 亨利·基辛格著, 陈瑶华、方辉盛、赵仲强等译:《白宫岁月——基辛格回忆录》第一册, 北京: 世界知识出版社, 1980年。

[美] 亨利·基辛格著, 吴继淦、张维、李朝增译:《白宫岁月——基辛格回忆录》第二册, 北京: 世界知识出版社, 1980年。

[美] 尼克松著, 王绍仁、吴明、王为译:《不再有越战》, 北京: 世界知识出版社, 1998年。

(三) 英文著作

Ahern, Thomas L. Jr., *CIA and Rural Pacification in South Vietnam*, Center for the Study of Intelligence, CIA.

Andradé, Dale, *Ashes to Ashes: The Phoenix Program and the Vietnam War*, Lexington and Toronto: Lexington Books, 1990.

Braestrup, Peter, *Big Story: How the American Press and Television Reported and Interpreted the Crisis of Tet 1968 in Vietnam and Washington*, Garden City, New York: Anchor Press/Doubleday, 1978.

Cook, John L., *The Advisor: The Phoenix Program in Vietnam*, Pennsylvania: Dorrance & Co., 1973.

Crowell, G. LaVerne, *ICEX Intelligence: Vietnam's Phoenix Program*, Maryland: PublishAmerica, 2006.

Galula, David, *Counterinsurgency Warfare: Theory and Practice*, Praeger Security International, 2006.

Grant, Zalin, *Facing the Phoenix: The CIA and the Political Defeat of the United States in Vietnam*, New York: W W Norton & Co Inc, 1991.

Herrington, Stuart, *Stalking the Vietcong: Inside Operation Phoenix: A Personal Account*, California: Presidio Press, 2004.

Milward, A. S., *The Frontier of National Sovereignty: History and Theory*, *1945 - 1992*, London, 1993.

Moyar, Mark, *Phoenix and the Birds of Prey: Counterinsurgency and Counterterrorism in Vietnam*, Lincoln: University of Nebraska Press, 2007.

Porter, Gareth, Gloria Emerson, *Vietnam, A History in Documents*, New York: New American Library, Inc., 1981.

Rosenau, William, *US Internal Security Assistance to South Vietnam: Insurgency, Subversion and Public Order*, New York: Routledge, 2005.

Sanders, David, *Losing an Empire, Finding a Role: An Introduction to British Foreign Policy since 1945*, New York, 1990.

Santoli, Al, *Everything We Had: An Oral History of the Vietnam War as Told by 33 American Men Who Fought It*, New York: Ballantine, 1982.

Truong, Nhu Tang, *A Vietcong Memoir: An Inside Account*

of the Vietnam War and Its Aftermath, New York: Harcourt Brace Jovanovich, 1985.

United States Overseas Internal Defense Policy, September 1962.

Valentine, Douglas, *The Phoenix Program*, New York: William Morrow and Company, 1990.

(四) 中文著作

蔡佳禾著:《双重的遏制:艾森豪威尔政府的东亚政策》,南京:南京大学出版社,1999年。

[美]戴维·罗特科普夫著,孙成昊、赵亦周译:《美国国家安全委员会内幕》,北京:商务印书馆,2013年。

刘金质著:《冷战史》,北京:世界知识出版社,2003年。

马晋强编著:《当代东南亚国际关系》,北京:世界知识出版社,2000年。

[美]塞缪尔·埃利奥特·莫里森、亨利·斯蒂尔·康马杰、威廉·爱德华·洛伊希滕堡合著,南开大学历史系美国史研究室译:《美利坚共和国的成长》,天津:天津人民出版社,1980年。

时殷弘著:《美国在越南的干涉和战争(1954—1968)》,北京:世界知识出版社,1993年。

王绳祖主编:《国际关系史(十卷本)》,北京:世界知识出版社,1995年。

[美]约翰逊著,秦传安译:《美国人的历史》,北京:中央编译出版社,2010年。

资中筠著:《追根溯源:战后美国对华政策的缘起与发展,1945—1950》,上海:上海人民出版社,2000年。

(五) 英文文章

Andrade, Dale, and Lieutenant Colonel James H. Willbanks, "CORDS/Phoenix: Counterinsurgency Lessons from Vietnam for the Future", *Military Review*, March-April 2006, p.16.

Brooks, Douglas J., "The Phoenix Program: A Retrospective Assessment", Master of Arts, Baylor University, 1989.

Ikenberry, G. John, "America's Imperial Ambition", *Foreign Affairs*, Vol. 81, No. 5 (Sep.-Oct., 2002), pp. 45–46.

Johnson, Ralph William, "Phoenix/Phung Hoang: A Study of Wartime Intelligence Management", Ph. D., The American University, 1982.

（六）中文文章

白建才:《20世纪50年代美国对中国的隐蔽行动探析》,《陕西师范大学学报(哲学社会科学版)》2015年第3期。

陈静静、陈铭:《中国因素对美国琉球政策的影响研究(1945—1969)》,《史林》2018年第5期。

段灵敏:《美国在越战期间的乡村绥靖政策研究》,硕士学位论文,华中师范大学,2015年5月。

葛腾飞、苏昕:《美国"反叛乱"理论的发展及其困境》,《美国研究》2012年第1期。

葛腾飞:《美国在伊拉克的"反叛乱"战略》,《外交评论》2013年第2期。

刘莲芬:《论杜鲁门时期的美国东南亚政策》,《史学月刊》2007年第12期。

吕桂霞:《"泰勒调查团"与美国对越"有限伙伴"政策的确立》,《历史教学》2006年第7期。

彭永福:《英国与越南战略村计划起源的再探讨》,《冷战国际史研究》2014年第2期。

邵笑:《美国—北越巴黎谈判与越南战争的终结(1969—1975)》,博士学位论文,华东师范大学,2010年5月。

石斌:《1953年美英对伊朗的"准军事行动"及其相关问题——基于新史料的重新探讨》,《外交评论》2012年第2期。

时殷弘:《1950年美国远东政策剧变的由来》,《南开学报(哲学社会科学版)》1995年第5期。

舒建中:《美国的准军事行动理论》,《国际资料信息》2012年第12期。

赵学功:《略论尼克松政府的越南战争政策》,《东南亚研究》2003年第4期。

(七) 互联网资源

Brandon Smith,"Has the CIA's Phoenix Program Been Resurrected in Syria?", August, 28, 2013. https://www.lewrockwell.com/2013/08/brandon‐smith/the‐cias‐phoenix‐assassination‐program/

Herbert A. Friedman,"The Chieu Hoi Program of Vietnam,", http://www.psywarrior.com/ChieuHoiProgram.html

图书在版编目(CIP)数据

"凤凰计划"与美国对越"反叛乱"政策(1967—1971)/朱玲著.—南京:南京大学出版社,2020.10(2021.11重印)
(南大亚太论丛/石斌主编.美国海外隐蔽行动研究系列)
ISBN 978-7-305-23701-0

Ⅰ.①凤… Ⅱ.①朱… Ⅲ.①越南战争-政策-研究-美国-1967—1971 Ⅳ.①K333.52②D871.20

中国版本图书馆 CIP 数据核字(2020)第 161018 号

出版发行	南京大学出版社
社　　址	南京市汉口路22号　　邮　编 210093
出 版 人	金鑫荣
丛 书 名	南大亚太论丛·美国海外隐蔽行动研究系列
主　　编	石斌
书　　名	"凤凰计划"与美国对越"反叛乱"政策(1967—1971)
著　　者	朱玲
责任编辑	田甜
助理编辑	江潘婷
照　　排	南京紫藤制版印务中心
印　　刷	南京爱德印刷有限公司
开　　本	787×1092　1/32　印张 11.5　字数 151 千
版　　次	2020 年 10 月第 1 版　2021 年 11 月第 2 次印刷
ISBN	978-7-305-23701-0
定　　价	58.00 元

网址:http://www.njupco.com
官方微博:http://weibo.com/njupco
官方微信号:njupress
销售咨询热线:(025)83594756

* 版权所有,侵权必究
* 凡购买南大版图书,如有印装质量问题,请与所购图书销售部门联系调换

"南京大学亚太发展研究中心"简介

"南京大学亚太发展研究中心"是由"南京大学亚太发展研究基金"定向全额资助的一个对大亚太地区进行全方位、多层次、跨学科研究的机构。它致力于承担学术研究、政策咨询、人才培养、社会服务与国际交流等功能。依托亚太发展研究中心设立的"南京大学亚太经济合作组织研究中心"是教育部国别与区域研究备案研究机构。

该中心是国内首家以"发展"为关键词命名的综合性地区研究机构,秉持"立足中国、面向亚太、辐射全球"的开放理念,旨在探讨亚太及全球"政治发展"、"经济发展"与"社会发展"诸领域的重要议题,彰显"和平发展"与"共同发展"的价值取向,弘扬"人类命运共同体"这一崭新的全球价值观。

"中心"定期主办"钟山论坛"(亚太发展年度论坛)、"励学讲堂"等学术论坛,旨在推动国内外学界、政府、企业、社会之间的对话与交流。

"中心"主办的出版物有《南大亚太论丛》、《南大亚太译丛》等系列丛书,《南大亚太评论》、《现代国家治理》、《人文亚太》、《亚太艺术》等学术成果。此外还有《工作论文》、《调研报告》、《工作通讯》等多种非正式刊物。

通信地址:江苏省南京市仙林大道163号南京大学仙林校区圣达楼460室南京大学亚太发展研究中心(210023)
电子邮箱:zsforum@nju.edu.cn
电话、传真:025 - 89681655
中心网址:https://www.capds.nju.edu.cn
微信公众号:CAPDNJU

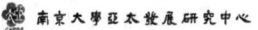